Katrin Sahlmann

Eine 1. Klasse managen

Ein Leitfaden für Einsteiger

Persen Verlag GmbH

Die Autorin Katrin Sahlmann
studierte Grundschullehramt in Braunschweig und unterrichtete an mehreren Grundschulen in Salzgitter.

Gedruckt auf umweltbewusst gefertigtem, chlorfrei gebleichtem und alterungsbeständigem Papier.
Nach den seit 2006 amtlich gültigen Regelungen der Rechtschreibung.

2.Auflage 2008

Illustrationen: Julia Flasche
Bilder: Katrin Sahlmann
Satz: Bittner Dokumedia, Wöllstadt
ISBN 978-3-8344-**3513**-2

www.persen.de

Inhaltsverzeichnis

Einleitung

Nachdem ich mehrere erste Klassen unterrichtet hatte, ist mir irgendwann die Fülle an guten und schlechten Erfahrungen bewusst geworden, die ich im Laufe der Jahre gesammelt habe. Ein großer Teil der positiven Anregungen ergab sich durch den Austausch mit anderen Kolleginnen[1], einiges übernahm man von Fortbildungen oder aus pädagogischen Ratgebern.
Dadurch, dass ich einige Grundschulen kennengelernt habe, konnte ich aus jeder Schule etwas aus dem Topf unterschiedlicher wertvoller Praxis-Tipps mitnehmen. Was spricht also dagegen, anderen Kolleginnen Zeit zu ersparen und die besten Rezepte aus diesen verschiedenen Töpfen aufzuschreiben und weiterzugeben? Kochen muss letztendlich jeder sein eigenes Süppchen und die Geschmäcker sind sowieso verschieden.
Um aber der Gefahr vorzubeugen, dass Sie die Rezepte gleich wieder weglegen, weil Masse, Seltenheitswert der Zutaten und auch die Zubereitungszeit die eigene momentane Kochkunst übersteigen, finden Sie auf Seite 65 eine Übersicht, was Sie zu welchem Zeitpunkt zu organisieren, zu planen und vorzubereiten haben.
Lesen Sie das Buch als Orientierungsrahmen einmal quer und steigen Sie zum passenden Zeitpunkt tiefer in die Materie ein. Machen Sie sich nicht mit dem ersten Wahlelternabend verrückt, wenn Sie gerade dabei sind, das Klassenzimmer einzurichten.
Insgesamt beinhaltet das Buch folgende fünf Schwerpunkte:

1. Welche Vorbereitungen sind für ein erstes Schuljahr zu treffen? Je nachdem wie plötzlich Sie die Nachricht von dieser Aufgabe ereilt, gilt es hier zu unterscheiden, was muss vorbereitet werden, was ist Pflichtprogramm, was kann vorbereitet werden, was ist die Kür.
2. Wie kann der wichtige Tag der Einschulung und ersten Schulstunde verlaufen?
3. Wie gestaltet sich die Zusammenarbeit mit den Eltern? Welche Schwierigkeiten, aber auch welche Möglichkeiten kann es hier geben?
4. Wie arbeitet man mit einer ersten Klasse? Welche Rituale, Ordnungsprinzipien und Arbeitsmethoden sind geeignet? Wie führt man diese ein? Beim Beschreiben der einzelnen Vorgehensweisen habe ich versucht, mich so kurz wie möglich zu fassen. Trotzdem ist die Beschreibung einzelner Rituale etwas müßig.
5. Auf welche Art wird man der Beurteilung von Erstklässlerinnen am besten gerecht? Angefangen bei der sehr wichtigen Frage, wo hole ich jedes Kind zu Beginn des Schuljahres ab? Außerdem: Was sind die Ziele des ersten Schuljahres? Was muss im Zeugnis stehen?

Können Sie beim Lesen die oft pedantische Ordnung in Farben, Kisten, Tafelseiten nicht mehr ertragen, durchhalten – Ihre Erstklässlerinnen werden es Ihnen hoffentlich danken.

1 Aus Gründen der besseren Lesbarkeit beschränken wir uns im Text auf die weibliche Form. Selbstverständlich sind alle Schüler und Lehrer immer mit eingeschlossen.

1. Vorbereitungen

Das erstmalige Vorbereiten einer ersten Schulklasse ist aufwendig. Nach meiner Erfahrung erleichtert die vorherige Arbeit die Gestaltung der kommenden Schultage. Denn je besser Ordnungssysteme durchdacht, Rituale vorstrukturiert und freie Beschäftigungsmöglichkeiten vorbereitet sind, umso einfacher wird der Alltag. Insofern man von „einfach" sprechen kann. Dieser Alltag kann nämlich grausam sein: eine große erste Klasse, alle Kinder mit einer Bandbreite unterschiedlichster Fertig- und Fähigkeiten. Vielleicht einige Kann-Kinder darunter, die eigentlich doch lieber das Auto und nicht das „Au" kneten. Verschiedene Hosenställe, die nach dem Toilettengang noch nicht bewältigt werden können, von den Schnürsenkeln ganz zu schweigen.
Aber – keine Sorge – das Schlimmste ist spätestens nach den Weihnachtsferien überstanden. Und man kann sich die Zeit ja erleichtern.

1.1 Schnuppertag

Zeitpunkt: Die Klasseneinteilung sollte möglichst feststehen; ca. im Juni
Ort: ein geeigneter Klassenraum der Schule

Buch-Tipp zu diesem Thema: „Der Ernst des Lebens" von Sabine Jörg und Ingrid Kellner. Ein Mädchen lernt am ersten Schultag ihren Ernst des Lebens, einen netten kleinen Jungen, kennen.

Nicht nur die Lehrerin hat vorher mit einigen Sorgen zu kämpfen, auch die Kinder wissen nicht so genau, was auf sie zukommt. Vor allem einige Erwachsene in ihrem Umfeld stellen häufig einfühlsam fest: „Na, freust du dich schon auf die Schule? Da beginnt dann endlich der Ernst des Lebens. Du musst dann viele, viele Stunden sitzen und lernst neue, schwierige Sachen. Genieße noch einmal deine letzten Tage im Kindergarten, so viel Zeit zum Spielen wirst du dann nie wieder haben." Solche oder ähnliche Drohungen („In der Schule wirst du endlich lernen, ruhig an deinem Tisch zu sitzen!") produzieren natürlich Unsicherheiten und Ängste.
Hat man als zukünftige Lehrerin die Möglichkeit, im Vorfeld die Kinder im Kindergarten zu besuchen, sollte man diese wahrnehmen. Vielleicht kann man einen Teil der dort existierenden Rituale in der ersten Klasse aufgreifen (z. B. Lieder oder Elemente des Morgenkreises) und so dem Übergang ein Stück Vertrautes hinzufügen. Außerdem fällt den zukünftigen Schülerinnen der erste Gang in die Schule vermutlich weniger schwer, wenn sie das Gesicht schon kennen, das sie dort erwartet.
Später findet dann ein sogenannter „Schnuppertag" (eher „Schnupperstunde") statt. Hier besuchen die neuen Erstklässlerinnen, möglichst in Begleitung einer Erzieherin, die Schule. In dieser Zeit kann die zukünftige Lehrerin den ersten persönlichen Kontakt zu den Kindern vertiefen. Vielleicht ist es auch schon möglich, gemeinsam etwas zur späteren Gestaltung des Klassenraumes herzustellen, sodass die Kinder am Tag der Einschulung ihr Werk wiederentdecken können. Wahlweise kann auch ein Namensschild für die Einschulung gebastelt bzw. geschrieben werden.

Führen Sie die Schnupperstunde nur mit Kindergartenkindern durch.

Nach meiner Erfahrung ist es sinnvoll, diese Schnupperstunde nur mit den Kindergarten-Kindern ohne eine weitere anwesende Klasse durchzuführen. Die doppelte Klassenstärke (z. B. Klasse der Patenkinder plus Schnupperkinder) führt neben dem Sitzplatz-Problem eventuell auch zu leicht aufkommender Unruhe. Die älteren Kinder zeigen nämlich häufig so viel Hilfs-

bereitschaft für die zukünftigen Erstklässlerinnen, dass diese kaum noch selbstständig sprechen dürfen.
Zusätzlich bietet es sich an, der ersten Klasse schon am Schnuppertag ihren Namen bekannt zu geben. Entweder passend zur Identifikationsfigur des Lese-Schreib-Lehrgangs (z. B. Zebra-Klasse oder einen Tiernamen wie Bären-Klasse). Vielleicht ist es auch schon möglich, diese Figur als Handpuppe oder Ähnliches bereitzuhalten und den Schülerinnen vorzustellen.

Aufgaben für die Schnupperstunde

Eine sinnvolle Aufgabe für die Schnupperstunde ist das Herstellen eines eigenen Namensschildes. Zunächst können die Kinder im Sitzkreis ihren Namen auf ein großes Stück weißen Tapetenrest schreiben (Differenzierungsmöglichkeit: Wer seinen Namen noch nicht schreiben kann, schreibt nur Buchstaben oder Zahlen, die es schon kennt). Anschließend suchen die Kinder aus allen in Hohldruck vorgegebenen Namen auf vorbereiteten Namensschildern ihren Namen heraus (evtl. mit Unterstützung der Erzieherin oder Lehrerin). Wichtig ist, dass das Namensschild sowohl auf der Vorder- als auch auf der Rückseite mit dem Namen bedruckt ist, damit die Kinder immer auch selbst ihren Namen vor Augen haben. Anschließend werden die vorgedruckten Namen mit Buntstiften nachgespurt. Die Vorgehensweise hierbei sollte unbedingt einmal im Stuhlkreis vorgemacht werden (z. B. von der zukünftigen Klassenhandpuppe). Trotz dieser Erklärung werden viele Kinder ihren Namen einfach anmalen, was aber auch nicht tragisch ist. Je nachdem, wie viel Zeit Ihnen hier noch bleibt, können Sie zusätzlich eine Vorlage der Klassenfigur ausschneiden, anmalen und auf das Namensschild aufkleben lassen.
Am Ende dieser ersten gemeinsamen Zeit kann die Lehrerin den Kindern einen Brief mitgeben, in dem sie die Kinder oder deren Eltern um eine Art Steckbrief und ein Foto bittet, das zur Einschulung mitgebracht werden soll. Auch diese sehr persönlichen Ergebnisse werden möglichst zur Einschulung in der Klasse ausgestellt, um am ersten Schultag etwas Vertrautes zu präsentieren und das erste Gefühl von Klassengemeinschaft anzubahnen (siehe Seite 66).

1.2 Gestaltung des Klassenraumes

Zeitpunkt: meist frühestens in den Sommerferien möglich

Wände und Regale erst vollständig mit den Schülern zusammen gestalten und auffüllen

Insgesamt ist es wichtig, in dem Klassenraum ein ausgewogenes Verhältnis zwischen Vertrautem (siehe z. B. Steckbriefe der Kinder) und ausreichendem Platz für neue, gemeinsame Gestaltungen zu schaffen. Vollgestopfte Regale und mit Bildern zugeklebte Wände lassen wenig eigene Entwicklung der Kinder und der Klassengemeinschaft zu. Falls schon im Vorhinein vorhanden, sollten auch Lernspiele oder Bücher erst nach und nach eingeführt werden. Eine Fülle von Anfang an führt schlimmstenfalls zu einem Verstauben und Vergessen der gut gemeinten Angebote.
Zunächst jedoch zur Einrichtung des Klassenzimmers. Je nach Art der Grundschule (z. B. verlässliche Grundschule oder volle Halbtagsschule) muss jeder Lehrer abschätzen, wie viel Zeit für freie Spiel- und Arbeitsphasen bleibt. Nach verschiedenen Versuchen halte ich folgendes Modell für vorteilhaft:

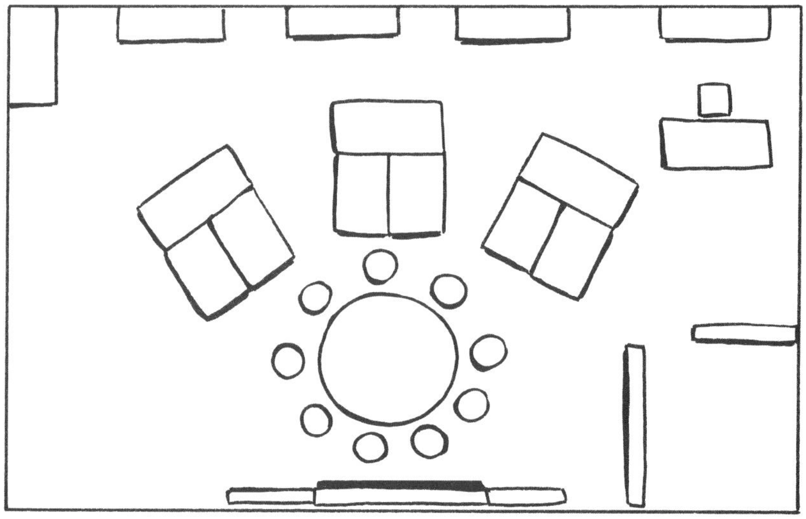

Stuhlkreis

Zeigeteppich

Der Stuhlkreis vor der Tafel bietet sich insofern an, als dass bei einem Halbkreis auch die Tafel mit genutzt werden kann. Als Orientierungshilfe zur Bildung des Stuhlkreises dienen den Kindern aufgeklebte Punkte selbsthaftender Farbfolie. In der Mitte liegt ein „Zeigeteppich" (ausgeschnitten aus einem größeren Teppichrest). Insgesamt habe ich die Erfahrung gemacht, dass dieser Teppich die Konzentration der Schüler bündelt. Schwierige Aufgabenstellungen (z. B. bei Bastelarbeiten), die der Lehrer vorgeben oder anleiten muss, werden auf dem Teppich vorgeführt und für die spätere Arbeitsphase symbolisch Schritt für Schritt an der Tafel festgehalten.

Teppichfliesen

Für eine schnellere Variante der Kreisbildung kann man sich aus Teppichgeschäften Restbestände von Teppichfliesen besorgen, die sich bei uns in einem offenen Regal in der Nähe des zu bildenden Kreises befinden. In diesem Regal ist außerdem weiteres Material, das häufig im Kreis benötigt wird (z. B. CD-Player, Morgenkreis-Utensilien, „Zeigetablett", Bestand an Stiften, Papier, Schere, Klebstoff für Demonstrationszwecke). Sie schaffen dadurch kurze Wege und sparen Zeit und Nerven!

„Morgenkreis-Regal"

Vielleicht ist es in Ihrem Klassenraum sogar möglich, mit vier bis sechs Holzbänken einen „Kreis" einzurichten. Diese Bänke sind schnell zu platzieren und an die Seite zu stellen. Sie können auch leicht umgruppiert werden, wenn etwas an der Tafel zu demonstrieren ist.

Spielecke

Die Spielecke neben der Tafel halte ich aus dem Grund für sinnvoll, dass eine abgegrenzte Spielecke im hinteren Bereich des Raumes dazu verführt, ohne das verabredete Aufräumen zurück zu seinem Arbeitsplatz zu gehen.

Eine eher offene Spielecke erlaubt eine rasche Kontrolle trotz Alltagshektik und die direkte Aufforderung zur Nachbesserung.

In der Spielecke gibt es einen Bereich mit Gesellschaftsspielen, wobei man die natürlichen Lernmöglichkeiten bei einem scheinbar schlichten Spiel wie „Mensch ärgere dich nicht" keinesfalls unterschätzen sollte. Neben der sozialen Komponente verlieren zu lernen, geht es allein beim Ablesen der Würfelzahl um ein so wichtiges Thema wie Mengenerfassung. Schaut man dort als Mathematiklehrerin eines ersten Schuljahres genauer hin, fallen eventuell schon einige Kinder mit Schwierigkeiten in diesem Bereich auf.

Leise-Spiele

Ein zweiter Schwerpunkt der Spielecke besteht aus sogenannten Leise-Spielen. Im Laufe der Zeit habe ich – angeregt durch Maria-Montessori-Material – eine leicht herzustellende Auswahl an solchen Spielen gesammelt (siehe Anhang ab Seite 50) und bin immer wieder überrascht von der Treffsicherheit, mit der sich Kinder eine ihren Bedürfnissen zugeschnittene Übung auswählen.

Leseecke, Organisation der

Nach zu idealistischen Vorstellungen von einer Leseecke im ersten Schuljahr bin ich dazu übergegangen, eine kleine Menge ansprechender Bilderbücher, Erstlesebücher und verschiedener Lexika in einem Regal auszustellen.

Arbeitsbereiche, nach Fächern unterteilte

Falls Sie im besten Fall über einen größeren Klassenraum verfügen, erwägen Sie gleich zu Beginn das Einrichten eines Deutsch-, Mathematik- oder Sachunterrichtsbereiches. Hier können entsprechende Plakate aufgehängt, oder auch Arbeitsecken für bestimmte Lernspiele geschaffen werden. Ist an Ihrer Schule z. B. Rot die Farbe für das Fach Deutsch, kann diese Arbeitsecke für die Erstklässlerinnen zusätzlich durch das Auflegen einer roten Lack-Tischdecke gekennzeichnet werden. Vielleicht treiben Sie für die Sachunterrichtsecke ein altes Aquarium oder Terrarium auf, sodass hier das zeitweise Anschaffen von Klassentieren (z. B. Regenwürmer, Schnecken oder Kaulquappen) möglich wird.

Gruppentische

Im „normalen" Unterricht sitzen die Kinder bei mir an Gruppentischen, wobei ich eine häufigere Änderung der Sitzordnung für sinnvoll halte. Übrigens kann man hier anhand der Wahl der Schülerinnen ein Soziogramm erstellen (siehe auch Punkt 4.16). Speziell bei einer großen Anzahl von Schülerinnen ist das Bilden von Gruppentischen aber nicht immer möglich. Letztendlich sind Gruppentische nicht automatisch mit pädagogisch wertvollem Unterricht gleichzusetzen, da sie nicht zwangsläufig die Durchführung von Gruppenarbeit beinhalten. Umgekehrt können frontal ausgerichtete Tische im Klassenraum Platz für echte Gruppenarbeit schaffen. Meist ist es zunächst wichtig, die Kinder der neuen Klasse mit ihren Eigenheiten kennenzulernen und dann individuelle Lösungsmöglichkeiten zu suchen. So hatte ich zum Beispiel in einer Klasse viele Kinder, die durch Sehschwächen frontal zur Tafel sitzen mussten. Außerdem muss man immer darauf achten, dass Linkshänder links an einem Tisch sitzen, um sich mit ihrem Nachbar nicht gegenseitig im Bewegungsablauf zu stören.

Sitzordnung

Lehrerpult

Der Arbeitsbereich der Lehrerin ist im Rücken der Kinder. Dabei geht es nicht um eine versteckte Kontrollmöglichkeit der Arbeitsphasen der Schülerinnen. Im Gegenteil; ich wünsche mir, dass die Kinder meine Existenz so weniger wahrnehmen und immer mehr zum selbstständigen, eigenverantwortlichen Arbeiten gelangen. Die Kinder konzentrieren sich um ihretwillen auf den Lernstoff und nicht, weil sie mit lebhaftem Blickkontakt dazu aufgefordert werden.

Reserve-Materialien

Ein kleiner Tipp: Schaffen Sie sich gleich zu Beginn einen Bestand an Ersatzklebern, -scheren, -bleistiften usw. an und behalten Sie diesen in Ihrem Arbeitsbereich. Auch bei äußerst konsequenten Bemühungen werden Sie es nicht schaffen, dass diese Materialien bei allen Kindern immer vollständig vorhanden sind. Allerdings lasse ich mir von „Härtefällen", deren Schere das dritte Mal nicht auffindbar ist, vor Verleih die im Merkheft gemalte Schere als Erinnerung an Wiederbeschaffung zeigen.

Materialaufbewahrung

Für das Material der Kinder existiert je eine Pappkiste mit drei voneinander getrennten Fächern und einer Papp-Schublade. Leider sind diese praktischen Kisten nicht mehr käuflich zu erwerben, trotzdem lohnt die Suche nach günstigen Alternativen, da nicht jede Schule über ein modernes Regalsystem aus Holz verfügt. Den Schülerinnen erleichtert die Unterteilung der Kiste die Zuordnung zu den einzelnen Fächern sehr (z. B. oberstes Fach: Deutsch-Materialien, mittleres Fach: Mathematik-Materialien, unterstes Fach: Materialien der übrigen Fächer, Schublade: begonnene Bastelarbeiten, Rechenraupe). Werden Sie überhaupt nicht fündig, kann auch für jedes Fach ein farblich verschiedener Einlegeschub aus Plastik übereinandergestapelt werden. Diese Schübe sind zwar fast überall erhältlich, allerdings übereinandergestapelt nicht ganz so stabil wie eine Pappkiste. Um das Gewicht des Schulranzens gering zu halten, befindet sich letztendlich nach dem Aussortieren der Bücher, Mappen und Hefte nur noch die Sammelmappe mit der jeweiligen Hausaufgabe des Tages, das Merkheft und die Federtasche im Ranzen.

Schülerfächer

Ablage

Bedenken Sie auch schon am Anfang des ersten Schuljahres, wo die Schülerinnen begonnene Arbeitsblätter ablegen können. In unserer Klasse sind die Kinder daran gewöhnt, diese noch nicht fertiggestellten Blätter im untersten Fach ihrer Pappkiste abzulegen. Sind diese Kisten jedoch nicht vorhanden, bietet sich die Anschaffung einer übersichtlichen Hängekartei an, in der es für jedes Kind eine Mappe gibt. Um Gedränge am Anfang und Ende der Arbeitsphasen zu vermeiden, werden diese Mappen am besten auf mehrere Ständer verteilt.

Positionierung im Klassenzimmer

Weiterhin gibt es die Möglichkeit, die räumlichen Gegebenheiten des Klassenzimmers auch für Rituale zu nutzen. So gab mir eine Kollegin den Tipp, einen Standort für das sachliche Weitergeben von Informationen und zwei Standorte für positive oder negative Mitteilungen zu finden. Stehe ich vor der Tafel, ist für die Schülerinnen erkennbar, dass ich Sachinformationen mitteilen möchte. Stehe ich vor dem Fenster, gebe ich eine positive Rückmeldung (z. B. „Ich freue mich darüber, dass die stille Arbeitszeit so gut funktioniert."), stehe ich vor unserer Regel-Pinnwand geht es um eine negative Rückmeldung (z. B. „Es ärgert mich, dass sich einige Kinder nicht an unsere Arbeitszeit-Regeln halten.").

Da die meisten Kinder bei der Einschulung noch nicht lesen können, bietet es sich an, die im Unterricht verwendeten Symbole an einer Wand des Klassenraumes zu wiederholen. Das heißt, dass z. B. das für die Fibel verwendete Symbol der Brille in einem Viereck zusammen mit einer Farbkopie des Fibel-Deckblattes für alle Schülerinnen sichtbar angebracht wird. Zeichnet die Lehrerin nun dieses Symbol an die Tafel, können sich die Kinder durch einen Blick auf diese Wand die evtl. notwendige „Übersetzung" beschaffen.

Aushängen der Symbole

Da Arbeitsblätter im ersten Schuljahr gelegentlich das Ausmalen mit einer bestimmten Farbe beinhalten, tritt das Problem auf, dass die Kinder anfänglich die Farben nicht lesen können. Hilfreich ist hier eine aufgehängte Farbtafel mit einem farbigen Punkt und der daneben geschriebenen Farbe. Bei einem entsprechenden Arbeitsauftrag kann man durch das Wortbild auf die entsprechende Farbe rückschließen.

Arbeitsblätter, Hilfe beim Ausmalen

1.3 Tipps für die Materialliste

Viele Dinge müssen natürlich schulspezifisch angeschafft werden, denn oft sind innerhalb der Schule bestimmte Absprachen getroffen worden. Existiert z. B. für jedes Fach und die dazugehörigen Materialien eine spezielle Farbgebung (Deutsch = rot, Mathematik = blau, Sachunterricht = grün, ...)? Außerdem sollte man sich darüber Klarheit verschaffen, welche finanziellen Mittel der Klasse zur Verfügung stehen. Gibt es einen Basteletat von der Schule, was muss von den Eltern der Kinder im Vorhinein selbst angeschafft werden (Knete, Wachsmaler, Glanzpapier, ein schwarzer Filzstift)?

Um nicht immer alle paar Wochen neue Hefte für die Schüler zu kaufen, bin ich dazu übergegangen, am Anfang des Schuljahres ausreichend Hefte anzuschaffen und das Geld von den Eltern einmalig einzusammeln.[2]

Ich halte die Anschaffung einer dicken Kladde mit Blankoseiten als Tagebuch für sinnvoll. In dieses Tagebuch wird regelmäßig gemalt, hineingeschrieben und auch gerechnet. Anders als bei einer Sammlung loser Blätter wird hier der Lernfortschritt nachvollziehbar festgehalten.

Tagebuch zeigt langfristigen Lernfortschritt

Für die in den einzelnen Fächern bearbeiteten Arbeitsblätter gibt es mehrere mögliche Varianten der Aufbewahrung. Zunächst sollte man sich fragen, wie viel Zeit man für das Erlernen eines sinnvollen Ordnungsprinzips investieren möchte. Bedenken Sie, dass allein das Abheften eines Blattes in einer Mappe oder einem Ordner viel Zeit in Anspruch nehmen kann, weil viele Kinder noch nicht die hierfür notwendigen motorischen Fähigkeiten besitzen. Diese Schwierigkeit können Sie umgehen, indem Sie im ersten Schuljahr „Monatshefte" mit den Kindern gestalten. Alle während eines Monats bearbeiteten Blätter (Deutsch, Mathematik, Sachunterricht, ...) bewahrt die Schülerin in ihrer persönlichen Ablage auf. Im Kunstunterricht wird ein zum jeweiligen Monat passendes Deckblatt gestaltet (z. B. ein bunter Drachen im Monat Oktober). Indem die Kinder dieses Deckblatt auch mit dem Monatsnamen versehen, findet gleichzeitig ein Lernprozess im Bereich Monate und jahreszeitliche Ereignisse statt. Am Ende des Monats werden alle Blätter mit Deckblatt zu einem Heft geheftet, das zu Hause im Gegensatz zu anderen Blättersammlungen eher nicht im Altpapier landet.

Monatshefte

2 Von einer Kollegin habe ich den Tipp bekommen, die Schreibhefte beim Troxler-Haus (www.troxler-werkstaetten.de) zu kaufen. Diese Hefte haben den praktischen Vorteil, dass sie entsprechend der Farbe des jeweiligen Faches z. B. mit einem stabilen, roten Papp-Umschlag für das Fach Deutsch geliefert werden und aufgrund ihrer dreifarbigen Lineatur auch besonders für Linkshänder geeignet sind.

Fingersessel

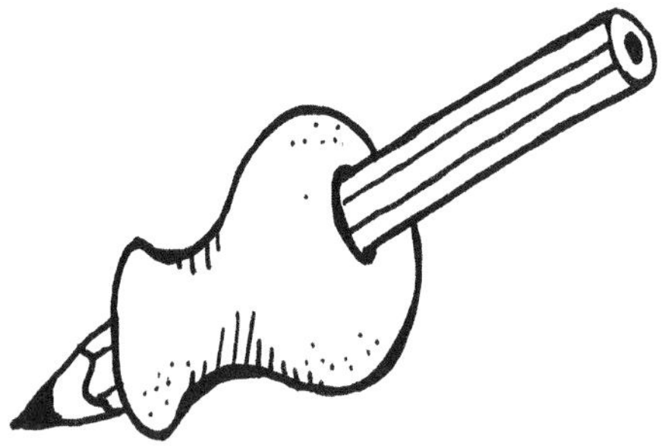

Fingersessel

Nach einer Fortbildung durch Ergotherapeuten wurde mir bewusst, welche einfachen Hilfsmittel mir bis dahin für feinmotorisch weniger begabte oder geschulte Kinder leider gar nicht bekannt waren. Im schlimmsten Fall hatte ich nicht genug auf die Schreibhaltung der Schülerinnen geachtet. Z. B. können so genannte „Fingersessel" bzw. Stiftehalter über die Stifte gestülpt werden und ermöglichen ein weniger verkrampftes Schreiben. Erhältlich sind diese Schreibhilfen in gut sortierten Schreibwarenläden.

Außerdem gibt es den „Rot-Blau-Stift", wobei durch einen ständigen Wechsel der beiden Schreibseiten eine Entspannung der Schreibhand erreicht werden soll. Dieser Stift wird allerdings von einigen Kindern aus dem Grund nicht gern benutzt, dass sich die Farben im Vergleich zu Bleistiften nur schwer radieren lassen.

Beschriftung der Materialien

Vermerken Sie auf der Materialliste unbedingt, dass alle Gegenstände und jeder einzelne Stift mit dem Namen des Kindes zu versehen sind. Am Ende eines Tages werden Sie mehr Stifte, Scheren, Anspitzer, ... auf dem Boden finden, als sie eigentlich für möglich halten.

Kunstunterricht

Ein praktischer Tipp für den Kunstunterricht ist die Bitte um einen Schwamm, der von den Eltern so auszuschneiden ist, dass der Tuschbecher in den Schwamm gesteckt werden kann. Dies hat zum einen den Vorteil, dass der Becher so sehr viel standfester ist, und außerdem überschüssiges Wasser vom Pinsel sofort abgetupft werden kann.

Federtasche

Heikel ist die Frage nach der Federtasche, die am ersten Schultag mitzubringen ist. Die meisten Eltern kaufen im Paket mit dem Schulranzen die übliche, flache Federtasche mit identischem Muster. Problematisch ist hier zum einen die Gummigröße, durch die die Stifte gesteckt werden sollen, weil diese nicht für die im ersten Schuljahr verwendeten dicken Bunt- und Bleistifte ausreicht. Außerdem fällt es Erstklässlerinnen noch schwer, Stifte in kurzer Zeit einzuordnen und zu wechseln. Gute Erfahrungen habe ich mit so genannten „Faulenzern" gemacht. Allerdings nicht die instabile Variante, sondern eine aus festem Material in Ovalform. Einen Vorschlag für eine Materialliste findet man auf Seite 67.

2. Zusammenarbeit mit den Eltern

Wahrscheinlich werden auch Sie während Ihrer Tätigkeit als Lehrerin die unterschiedlichsten Arten von Eltern kennenlernen. Eltern, die ihre Kinder loslassen können und Vertrauen in die Arbeit Ihrer Kinder und die der Lehrerin haben, sind in der Zusammenarbeit sehr angenehm. Wenn diese Eltern Kritik äußern, tun sie dies sachlich und vor allem direkt. Da ich aber im Laufe der Jahre auch sehr vereinnahmende Eltern kennengelernt habe, ist meiner Meinung nach ein bestimmtes Auftreten bei den ersten Zusammentreffen sehr wichtig. Verbindlichkeit verbunden mit einer nötigen Distanz ist eine Kunst, die vor dem typischen „Burn-out-Syndrom" bewahren kann.

Auftreten, eigenes

Erst nachdem ich selbst Mutter eines schulpflichtigen Jungen geworden bin, fiel es mir leichter, Verständnis aufzubringen für die vielen Emotionen, die an so einer Einschulung hängen. Möglicherweise bedingt durch die eigenen negativen Erinnerungen an ihre Schulzeit fällt es einigen Eltern schwer zu glauben, dass Lehrer Partner und nicht Gegner ihres Kindes sein wollen.
In den ersten Jahren habe ich durch meine Unsicherheit und Unerfahrenheit so manche Elternkritik sehr persönlich genommen. Inzwischen fällt es mir meist leichter, Fehler meinerseits ohne Umschweife zuzugeben. Außerdem erkenne ich inzwischen emotional gefärbte Äußerungen eher und kann mit der dahinterstehenden Sorge um das Kind umgehen.
Älter und etwas erfahrener geworden, beginne ich auch das Verhalten der Eltern auf Elternabenden besser einzuordnen. Habe ich in den ersten Jahren die Zurückhaltung vieler Eltern auf Elternabenden oft als stumme Kritik empfunden, weiß ich heute, dass diese Stille häufig auf Unsicherheit zurückzuführen ist. Es gilt also, Eis brechende Hilfsmittel zu finden.

2.1 Vorbereitender Elternabend im Kindergarten

Zeitpunkt: *Ende April/Anfang Mai*
Ort: *Kindergarten*

An diesem Abend geht es vor allem darum, was die Schule von dem Kind erwartet, das demnächst eingeschult wird. Was sollte es können, welches Verhalten der Eltern unterstützt es auf seinem Weg.
Es gibt sicherlich zu diesem Zeitpunkt noch einige Eltern, denen die Frage „Ist mein Kind wirklich auf allen Ebenen (kognitiv, emotional, sozial, ...) dazu bereit, in die erste Klasse zu kommen?" auf der Seele brennt.

Fettnäpfchen umgehen

Stellen Sie sich vorneweg die Frage, wie weit darf und sollte sich Schule in das Privatleben der Familien einmischen. Außerdem gilt es zu überdenken, wie man mit den Eltern über wichtige Erziehungsprinzipien kommunizieren kann, ohne dabei zu belehrend zu wirken. Manche Eltern fühlen sich zu Recht gekränkt, wenn z. B. verallgemeinernd davon ausgegangen wird, dass ihr Kind schon vor der Schule fernsieht.
Sofern es Ihnen bei aller Aufregung möglich ist, tragen Sie Ihre Wünsche humorvoll verpackt vor. Vielleicht finden Sie eine Kollegin einer anderen zukünftigen ersten Klasse, mit der Sie verschiedenes Schülerinnen- und Eltern-Verhalten in einer Art Rollenspiel überspitzt nachspielen und damit verdeutlichen können. Liegt Ihnen diese Art der Selbstdarstellung nicht, ist es auch möglich, vorher Fotos mit entsprechenden Situationen vorzubereiten und auf dem Elternabend mit ergänzenden Bemerkungen zu präsentieren.
Folgende Vorschläge können Sie hierbei aufgreifen:
1. Ein Elternteil packt für das Kind den Schulranzen, während das Kind unbeteiligt danebensitzt und sich danach auch noch Jacke, Mütze, Schal anziehen und die Schuhe zubinden lässt. Machen Sie den Eltern anschließend deutlich, wie wichtig es für ihr Kind ist, am Tag der Einschulung mit möglichst viel Selbstständigkeit ausgerüstet zu sein.
2. Ähnlich ist das Beispiel von dem Elternteil, das sein Kind an der Hand in

das Klassenzimmer bringt und mit vielen Küssen und guten Ratschlägen verabschiedet. Natürlich sollte dieses noch in den ersten Schultagen gestattet sein, später ist es aber wichtig für, die Schulanfängerin, dass sie den Schulweg immer selbstständiger, möglichst mit einer Schulfreundin bewältigt.
3. Das Kind frühstückt vor dem Fernseher einen Schokoriegel und trinkt dazu Orangenlimonade.
4. (1.Szene) Die Uhr zeigt 21.00 Uhr. Das Kind schaut in seinem Zimmer fern. (2.Szene) Dasselbe Kind hat am Schulvormittag Schwierigkeiten, konzentriert auf seinem Platz zu arbeiten.
Vielleicht haben Sie noch weitere Ideen, insgesamt sollte man – wie oben beschrieben – die Eltern und das, was sie auszuhalten bereit sind, nicht überstrapazieren. Bitten Sie im Anschluss um eine möglichst objektive Überprüfung der Eltern, inwiefern sie ihrem Kind zutrauen, dass es zum Schulanfang genug Potenzial an Selbstvertrauen, Selbstständigkeit und Kontaktfähigkeit mitbringt. Ob eventuelle Probleme im grobmotorischen und feinmotorischen Bereich noch behoben werden können. Ob Störungen beim Sprechen oder im Wahrnehmungsbereich vorliegen. Kennt das Kind die Farben, kann es einfache Arbeitsaufträge ausführen? Kann es sich eine längere Zeit (mindestens 15 Minuten) allein beschäftigen? Kann es einer Geschichte aufmerksam zuhören? Ermuntern Sie die Eltern, bei speziellen Fragen Kontakt mit der Kinderärztin aufzunehmen.

Einschätzung des Kindes durch Eltern

Machen Sie den Eltern klar, dass es sich hierbei nicht um einen Eignungstest handelt, sondern die wahrheitsgetreue Beantwortung dieser Fragen eine möglichst große Klarheit darüber bietet, ob die Einschulung für das Kind zu diesem Zeitpunkt zu befürworten ist. Im schlimmsten Fall könnte ein Kind durch ständige Misserfolgserlebnisse den denkbar schlechtesten Start ins Schulleben erhalten.
Natürlich gibt es immer wieder Kinder, bei denen ein Ja oder Nein eine Gradwanderung ist. An erster Stelle steht dann die Einschätzung durch die Erzieherinnen des Kindergartens. Bieten Sie den Eltern aber auch die Rückmeldung durch die Schule an, die jedoch meist auf einen zeitlich kurzen Eindruck begrenzt ist. Vielleicht sollte man hier für ein „Im Zweifel gegen die Einschulung!“ plädieren, als Entscheidung für die Seele des Kindes.

2.2 Erster Elternabend in der Schule

Zeitpunkt: Juni vor der Einschulung

Eine Freundin gab mir den Tipp, den ersten Klassen-Elternabend wortlos mit dem Lied „Elternabend“ von Reinhard Mey zu beginnen. Vielleicht stöhnen Sie gerade innerlich auf und denken, „Das passt ja wieder – Grundschullehrerin hört am liebsten Reinhard Mey“.
Aber – außergewöhnliche Zusammentreffen verlangen außergewöhnliche Ideen. Geben Sie dem Lied eine Chance. Im Text des Liedes heißt es unter anderem: „Nichts ist so erlahmend wie ein Elternabend ...“, „auf zu kleinen Stühlen sitzen ...“, „alles schläft und einer spricht“ und „kommt es zur Wahl, ducken sich alle oder stellen sich tot“.

Sie zeigen gleich am Anfang die Größe, sich über die Institution Elternabend lustig machen zu können (da verzeiht man auch mal Reinhard) und signalisieren, dass bei Ihren Elternabenden fast alles anders wird.

Atmosphäre schaffen

Ein weiterer Tipp für eine angenehme Atmosphäre ist das Bereitstellen von Getränken oder Knabbereien. Es ist sicher typbedingt, wie weit man hierbei gehen möchte und kann. Spätestens bei den Räucherstäbchen sollte aber Schluss sein.

Um es den Eltern in den ersten Minuten zu erleichtern, ins Gespräch zu kommen, bietet es sich außerdem an, die Kinder am Vormittag ein Bild von sich – ohne Namen – malen und auf ihren Sitzplatz kleben zu lassen. Die Väter und Mütter sollen das Bild Ihres Kindes herausfinden, dort Platz nehmen und können sich anschließend mit dem Sitznachbarn über die künstlerischen Fähigkeiten ihrer Kinder austauschen. Außerdem haben die Eltern im Gegenzug die Aufgabe, Ihr Kind mit einem Brief (Papier, Stifte, Tesafilm sind bereitgelegt) zu überraschen. Diese Art der Kommunikation können Sie wiederum im Verlauf des Elternabends aufgreifen, wenn Sie die Vorzüge von persönlichen Briefen (freie Schreibanlässe) für das Schreiben- und Lesenlernen schildern.

Elternwünsche

Ein weiterer Bestandteil der Eröffnungsphase ist die Bitte an die Eltern, ihre Wünsche an die Schule, das, was in ihren Augen für ihre Kinder wichtig ist, auf einem Zettel aufzuschreiben („Wünsche-Wolke"). Dadurch, dass diese Wünsche anonym bleiben (nach dem Einsammeln werden sie ohne Namen an die Tafel geheftet), kann das sich anschließende Gespräch wertvolle Anregungen beinhalten, die die Eltern so evtl. nicht geäußert hätten. Wichtig ist außerdem, am Ende des Schuljahres gemeinsam mit den Eltern zu reflektieren, was von den Wünschen erfüllt wurde, woran weiter gearbeitet werden sollte. Diese Offenheit und Bereitschaft zur Kritikannahme seitens der Lehrerin signalisiert, dass Sie tatsächlich an der Meinung der Eltern interessiert sind und erstickt so manche Kriegserklärung hinter Ihrem Rücken im Keim.

Reflexion am Ende des Schuljahres

Bitten Sie in diesem Sinne immer um eine direkte Rückmeldung, wenn es zu Fragen oder Unstimmigkeiten kommen sollte. Gleichzeitig müssen Sie jedoch darauf achten, dass Sie nicht zu sehr belagert werden. Eine Möglichkeit, die Fragen und Kritik der Eltern zu filtern, ist die Sammelstelle Elternvertreterin. Konkret bedeutet dies, dass sich Eltern zunächst an die Vertreterin wenden und diese dann ggf. das Gespräch mit Ihnen sucht.

Elternvertreterin

Vielleicht besteht an Ihrer Schule auch die Möglichkeit, eine Sprechzeit anzugeben. Bei Gesprächsbedarf können sich die Eltern dann auf einer Liste für die von Ihnen vorgegebene Zeit eintragen.

Telefonnummer, eigene

Für den Fall, dass Sie den Eltern Ihre private Telefonnummer herausgeben, bitten Sie auch hier um eine bestimmte Zeit, in der Sie angerufen werden wollen. Lehrerinnen sind nämlich für manche Eltern (trotz der weitverbreiteten Annahme, dass Lehrkräfte viel zu kurze Arbeitszeiten hätten) zu jeder Zeit verfügbar. Und es kommt durchaus häufiger vor, dass die Eltern Sie – trotz der Bitte, die Mittagszeit zu respektieren – immer wieder genau zu dieser Zeit anrufen. Schaffen Sie deswegen rechtzeitig klare Grenzen. Fällt Ihnen dieses noch schwer, geben Sie am besten Ihre Telefonnummer gar nicht heraus (evtl. nur der Elternvertreterin).

Adressenliste
Datenschutz

Zurück zum Elternabend: Führen Sie den Elternabend mit einer kurzen Vorstellungsrunde fort. Vielleicht holen Sie sich in diesem Zusammenhang auch gleich die Erlaubnis der Eltern (Datenschutz!) für eine Adressenliste mit Namen, Adresse, Geburtsdatum und Telefonnummer der Kinder ein. Diese Liste ist für die nachmittäglichen Verabredungen der Kinder hilfreich, außerdem kann sie in Notfällen als Telefonkette dienen.

Telefonkette

Meistens findet dieser erste Elternabend vor der Einschulung statt, sodass Sie den Eltern noch nicht Ihren Erstklässler-Raum präsentieren können. Insgesamt halte ich es jedoch für die oft sehr aufgeregten Eltern für sinnvoll, diese nicht mit Informationen zu überfrachten. Wichtig ist das gemeinsame Durchgehen der Material- und Bücherliste, wobei das Zeigen von Beispielexemplaren für die größtenteils unerfahrenen Eltern sehr hilfreich ist.

Klassenkasse

Falls Sie eine Klassenkasse einrichten wollen, klären Sie ab, welche Gelder ansonsten an Ihrer Schule eingesammelt werden (z. B. Kopiergeld, Bastelgeld). Machen Sie deutlich, dass diese Kasse allein dazu dient, den Alltag zu erleichtern. Es darf sich aber hierbei nur um ein Angebot und keine Aufforderung Ihrerseits handeln.

Insgesamt ist es sehr praktisch, wenn man als Lehrkraft nicht bei jeder Anschaffung (Hefte, spezielles Bastelmaterial, Ersatzkleber, ...) erneut Geld auslegen und einsammeln muss. Ich führe genau Buch über jede Ausgabe und hebe die Quittungen auf. Außerdem biete ich auch die Einsichtnahme in dieses Buch durch die Elternvertretung an. Besprechen Sie gemeinsam mit den Eltern, welcher Betrag zu Beginn des Schuljahres von Ihnen eingesammelt werden kann. Unterschätzen Sie nicht die Ausgaben, die auf Sie zukommen, wenn Sie zum ersten Mal eine erste Klasse einrichten, (z. B. Einlegeschübe für den Wochenplan, Bücher für die Leseecke, Spiele, Unterlagen für Bastelarbeiten, ...).

In dem Fall, dass Sie die Materialien vom Geld der Eltern besorgen, geben Sie den Kindern die angeschafften Dinge nach Ablauf der Grundschulzeit mit nach Hause. Wahrscheinlich dürfen Sie bei Nachfrage die Sachen auch nach der Verabschiedung dieser Klasse für neue Schülerinnen weiterbenutzen. So viel wie möglich kann auch auf Flohmärkten besorgt werden. Während ich anfangs noch voller Elan für Anschaffungen dieser Art selbst tief in meine Tasche griff, hat der oft respekt- und gedankenlose Umgang mit den Materialien meine Einstellung geändert. Bedenken Sie außerdem, welche Beträge im Laufe der Jahre allein aus Ihrer Tasche gezahlt werden für die Dinge, die Sie mal eben so aus Ihrem privaten Fundus mit in die Schule bringen.

Informationen für die Eltern zusammenstellen

Erstellen Sie sich im Vorhinein eine schulspezifische Liste, über welche weiteren Regelungen Sie die Eltern informieren müssen (z. B. Entschuldigung bei Krankheit, Pausenzeiten, Schulfrühstück, Kakaogeld, ...).

Hausaufgaben, durch die Eltern verbesserte

Ein schwieriges Thema ist der Umgang mit Hausaufgaben, möglich ist jedoch, dass einige Eltern schon auf diesem Abend Fragen dazu haben. Folgendes Zitat von Horst Bartnitzky macht einen Teil der Problematik deutlich: „Die Eltern fühlen sich oft verantwortlich dafür, dass die Aufgaben auch ordentlich gemacht werden. Also dringen sie notfalls aufs Nochmalabschreiben, telefonieren herum, um sich eine Aufgabe erklären zu lassen, sagen vor, diktieren ganze Aufsätze. Bei schlechten Leistungen des Kindes werden oft zusätzliche Aufgaben erfunden. Andere Eltern kümmern sich gar nicht um die Aufgaben, wollen und können nicht helfen, schaffen keine häusliche Arbeitsgelegenheit für das Kind ... Chancenungleichheiten potenzieren sich.“ (Bartnitzky/Christiani 1995, S. 164)

Nehmen Sie sich also auf dem ersten Elternabend ausreichend Zeit für Erklärungen in dieser Hinsicht und verfassen Sie ein einfaches Merkblatt zu diesem Thema (ein Beispiel ist auf Seite 49 zu finden). Wichtig ist, dass Ihr Standpunkt weitgehend gefestigt ist. Die Bezeichnung von Eltern als „Hilfslehrer der Nation“ ist zu vereinfachend. Fakt ist aber, dass die Übungszeit z. B. für das Einmaleins in der Schule in den seltensten Fällen ausreicht. Insgesamt gilt es ein gesundes Mittelmaß zu finden, sei es über eine differenzierte Hausaufgabe oder die Beschränkung auf reine Übungs-Aufgaben. Fakt ist auch, dass dann immer noch einige Schülerinnen überfordert, andere unterfordert sind, weil eine optimale Differenzierung nach sicherlich zehn verschiedenen Aufgabenstellungen verlangt, die den realen Zeitrahmen sprengen.

Bitten Sie bei den Hausaufgaben um eine Rückmeldung durch die Eltern

Bereiten Sie sich in dem Zusammenhang auch auf folgende Frage vor: Sollen die Eltern Fehler Ihrer Kinder korrigieren oder stehen lassen? Mein Vorschlag ist dann der, dass Eltern den Kindern helfen können, mir jedoch möglichst eine kurze Mitteilung unter die Hausaufgaben schreiben, falls ein Kind größere Probleme bei einer Aufgabe haben sollte. Natürlich ist das viel verlangt, weil die meisten Eltern verständlicherweise darauf bedacht sind, Ihr Kind so gut wie möglich dastehen zu lassen. Seitdem mein Sohn die Grundschule besucht, empfinde ich es oft als äußerst „heilsam“, dass ich die Sichtweise der Eltern nun tatsächlich nachempfinden kann. Vieles, über das ich vorher verwundert den Kopf geschüttelt hatte (zum Beispiel: „Warum kann es schwierig sein, jeden Tag die Sammelmappe zu kontrollieren?“), kann ich jetzt nachempfinden.

Korrektur der Hausaufgaben durch die Eltern

Heikel wird das Hausaufgaben-Thema im Bereich Deutsch, wenn Eltern in der Phase des lauttreuen Schreibens die Texte ihrer Kinder rechtschreiblich überarbeiten und damit viel von der Schreibmotivation des Kindes zerstören. Zumal diese Korrektur zum Zeitpunkt dieser Phase überhaupt keinen Sinn ergibt, die Kinder sind hiermit völlig überfordert. Auch nach mehrmaligem Erläutern ist es einigen Eltern aufgrund ihrer eigenen schulischen Erziehung einfach nicht möglich, einen vom Kind geschriebenen Text mit Rechtschreibfehlern unkorrigiert mit in die Schule zu geben.

Im Bereich Mathematik wird das Hausaufgaben-Thema u. a. dann problematisch, wenn Eltern der Meinung sind, dass ihr Kind ohne die von der Lehrerin zur Verfügung gestellten Hilfsmittel (z. B. eine „Rechenraupe“ mit 20 Kugeln) arbeiten soll. Weil es für sie selbst schwer nachvollziehbar ist, dass dem Kind dieser Bereich Schwierigkeiten bereiten kann, verschließen sie gewissermaßen die Augen, nehmen dem Kind zu Hause die Hilfe weg und erklären die Sache damit für erledigt.

Lehrgänge

Einen kurzen Überblick über die Lehrgänge erteilen Sie bereits bei der Besprechung des zu besorgenden Materials. Details z. B. über die einzelnen Phasen der Entwicklung des Schreibens und Lesens folgen auf dem ersten Elternabend nach der Einschulung. Hier bietet es sich auch an, die Eltern in einem Selbsttest erfahren zu lassen, wie schwierig es für die Kinder anfangs ist, Anlautbildern abstrakte Symbole (Buchstaben sind für die Eltern durch verfremdete Zeichen ersetzt worden) zuzuordnen. Um das Prinzip des Lesen- und Schreibenlernens zu verdeutlichen, müssen die Eltern versuchen, lauttreue Wörter (Rose, Salat, Tomate) anhand von Symbolen zu schreiben. Hier wird ihnen die enorme Leistung deutlich, die ihre Kinder erbringen müssen:

Zeigen Sie den Eltern anhand eines praktischen Beispiels, wie schwer Lesen und Schreiben zu erlernen sind

1. den passenden Laut beim entsprechenden Anlautbild finden.
2. das abstrakte Symbol, das hinter diesem Bild steht, übertragen, bis das Wort vollständig ist.

R wie Rakete,
= ◊

O wie Ofen,
= ✶

S wie Sonne,
= 🌢

E wie Esel;
= □

Beim Wort Rose wäre das Ergebnis:
◊ ✶ 🌢 □

Unterstützung der Eltern für den Unterricht nutzen

Da beim ersten Elternabend im ersten Schuljahr die Wahl der Elternvertreter stattfinden muss, bitten Sie die Eltern vielleicht schon einmal, sich Gedanken zu machen, wer für das Amt in Frage kommen könnte. Es können nämlich qualvolle, lange Minuten werden, wenn nach dieser Frage alle Eltern betreten zu Boden schauen. Außerdem können Sie die Eltern um weitere Beteiligung am Schulleben bitten, indem die Eltern eigene Kenntnisse zu einem bestimmten Thema einbringen (z. B. Polizist, Zahnärztin, ...). Vielleicht merken Sie sich auch die Eltern vor, die als „Lesemutter" oder „Rechentrainer" dazu bereit sind, einmal in der Woche die wenigen Förder- und Forder-Stunden aufzustocken.

2.3 Wahl der Elternvertreterin

Wie viele dieser Wahlabende habe ich schon durchgeführt, um mich dann doch jedes Mal wieder neu einlesen zu müssen. Deswegen folgt an dieser Stelle eine möglichst einfache Beschreibung der Wahl.

Elternvertreterin, Aufgaben

Wichtig ist, dass Sie anfangs das Wort „Elternvertreterin" mit Inhalt füllen, indem Sie alle Aufgaben schildern. Verharmlosen Sie nicht, dass es sich um einige zusätzliche Termine handelt. Nehmen Sie aber auch Ängste, indem Sie Ihre Unterstützung anbieten.

Die Aufgaben der Elternvertreterin:

1. Die Elternvertretung dient als Bindeglied zwischen Eltern und Lehrkräften. Treten Probleme auf, können diese über die Elternvertreterin weitergegeben und geklärt werden. Klassenfeiern und Ausflüge können ebenfalls gemeinsam geplant werden.
2. Außerdem nehmen die Elternvertreter an Versammlungen der anderen Elternvertreter teil (erkundigen Sie sich an Ihrer Schule, wie häufig der Schulelternrat an Ihrer Schule tagt). Hier kann man wiederum zur Schulelternratsvorsitzenden gewählt werden. Des Weiteren werden aus dieser Gruppe der Elternvertreterinnen Vertreterinnen für die Gesamt- und Fachkonferenzen gewählt.

Schulelternrat

3. Die Elternvertreterin lädt zum Elternabend ein. Die Themen werden na-

türlich meist mit der Lehrerin abgesprochen. Nach der Begrüßung durch die Elternvertreterin führt die Lehrerin durch die meisten Themen des Abends.

4. Eventuell kann die Elternvertretung auch einen Elternstammtisch organisieren.

Ablauf der Abstimmung

Anschließend werden per Handzeichen zunächst eine Wahlleiterin und eine Schriftführerin gewählt (es kann sich hierbei auch um eine Person handeln). Es ist wichtig zu erwähnen, dass diese Personen auch als Elternvertreterinnen gewählt werden dürfen.

Im Folgenden wird der Vorsitz der Wahl an die Wahlleiterin übergeben. Die vorgeschlagenen Namen für die Elternvertretung werden am besten an der Tafel gesammelt. Weisen Sie darauf hin, dass es sich hierbei möglichst um eine Frau und einen Mann (Elternvertreter/-in und Stellvertreter/-in) handeln sollte.

Die Wahlleiterin (und Sie) sollten ein mögliches Schweigen und Abwenden der Blicke standhaft einige Momente aushalten, denn dieses Schweigen macht nicht nur Sie mürbe. Ermuntern Sie dann die Wahlleiterin evtl. noch einmal, nach Vorschlägen zu fragen. Meistens kommt es spätestens hier zu ein oder zwei Nennungen, der härteste Teil des Abends ist in diesem Moment geschafft.

Bleibt es weiterhin beim großen Schweigen, verteilt die Wahlleiterin Zettel und Stifte, damit alle Eltern eine Person aus Ihrem Kreis vorschlagen können. Fallen hier ein oder zwei Namen häufiger, erklären sich diese Eltern eventuell eher dazu bereit, eine mögliche Wahl anzunehmen.

Falls sich die Eltern mit einer Abstimmung per Handzeichen einverstanden erklären, kann die Wahlleiterin auf eine erneute Zettelausgabe verzichten. Der Name mit den meisten Stimmen wird daraufhin Vorsitzender/Vorsitzende, der mit der zweithöchsten Stimmenzahl Stellvertreter/Stellvertreterin.

Konferenzvertreterin

Die gleiche Prozedur findet nun noch einmal bei der Wahl der drei Konferenzvertreter/-innen statt. Die Wahlleiterin muss (natürlich mit Ihrer Hilfestellung) darauf hinweisen, dass hier auch die beiden Elternvertreter noch einmal wählbar sind.

Vor einigen Jahren habe ich das bürokratische Einhalten dieses Vorgangs noch nicht sehr ernst genommen, und war dankbar für eine anfängliche Bereiterklärung der vorgeschlagenen Personen, sowohl für die Elternvertretung als auch für die Konferenzvertretung in einem Wahlgang zu kandidieren. Heute bin ich hierbei insofern vorsichtiger, weil gerade die Teilnahme an den Konferenzen (Zeugniskonferenzen, Klassenkonferenzen) für viele Eltern interessant ist. Sicherlich hat man hier zwei oder mehr zusätzliche Termine jährlich, aber der Einblick in die Arbeit der Schule kann auch sehr spannend sein. Um Eltern, die sich anfangs zurückhalten, nicht zu übergehen, halte ich ein Nacheinander beider Wahlen für sehr sinnvoll.

Führen Sie die Wahlgänge hintereinander durch, um das Interesse aller Eltern für die Aufgaben zu wecken

2.4 Erster Elternsprechtag

Zeitpunkt: November

Meist nutze ich den ersten Elternabend, um abzuklären, welche Eltern dazu bereit sind, das Gespräch auch telefonisch zu führen. So reduziert sich die

Anzahl der Gespräche für einen Nachmittag auf ein erträgliches Maß. Wenn man pro Elterngespräch von einer minimalen Gesprächsdauer von 15 Minuten ausgeht, bedeutet dies, dass man bei 28 Schulkindern eine Gesamtzeit von 7 Stunden vor sich hat. Ein Marathon ist ein Spaziergang dagegen. In diesem Fall käme man um zwei Elternsprech-Nachmittage nicht herum.

Elternsprechtag, Einladung

Eine weitere Möglichkeit, die Anzahl der zu führenden Gespräche zu reduzieren, ist die, auf dem Einladungsbrief an die Eltern individuell anzukreuzen, ob ein Gespräch aus Ihrer Sicht dringend erforderlich, erforderlich oder nicht erforderlich ist. Natürlich ist es für Eltern sehr schön, eine durchweg positive Rückmeldung zu bekommen, das Gespräch ist meist aber auch schnell erschöpft. Einigen Eltern (meist mit mehreren Kindern) reicht diese knappe Aussage, dass kein Gesprächsbedarf aus Ihrer Sicht besteht. Für den Fall, dass alle Eltern sich vor Ort informieren wollen, wie sich ihre Kinder in der Schule entwickeln, können Sie differenzierte Sprechzeiten angeben: 5/10 Minuten für Kinder ohne akuten Gesprächsbedarf und 20 Minuten für Kinder mit intensiverem Gesprächsbedarf.

Bei der Vorbereitung des Sprechtages müssen Sie außerdem beachten, dass einige Gespräche länger als die geplante Zeit dauern werden. Eltern von Erstklässlern haben verständlicherweise das Bedürfnis, viele ihrer Fragen, Sorgen, Hoffnungen mit Ihnen abzuklären. Je nachdem, wie selbstbewusst Sie als Lehrerin auftreten können, liegt es bei Ihnen, abdriftende Gespräche freundlich aber bestimmt zu beenden. Eine zugegeben härtere Variante ist das Aufstellen einer Eieruhr, bei der sie zu Beginn des Gespräches die vorgegebene Zeit einstellen. Mir persönlich war es beim Ausprobieren dieser Variante immer wieder unangenehm, das Gespräch gleich am Anfang in diesen „tickenden Rahmen" zu pressen.

Scheuen Sie sich auch beim Elternsprechtag nicht, ein äußeres Zeichen des Willkommens zu schaffen (zum Beispiel ein aufgestellter Blumenstrauß, eine Tasse Kaffee).

Orientierungsrahmen für das Gespräch

Als Orientierungsrahmen für das Gespräch bietet sich diese Reihenfolge an:

1. Bitten Sie die Eltern, Ihnen ihre Einschätzungen, Beobachtungen der ersten Wochen mitzuteilen.
2. Sprechen Sie über Ihre Beobachtungen. Halten Sie dafür eine Liste konkreter Beispiele oder Arbeitsergebnisse bereit (Arbeitsverhalten, Sozialverhalten, Leistungen in den einzelnen Fächern). Es ist übrigens sehr hilfreich, wenn Sie sich Beobachtungen eines Kindes mit Datum sofort notieren (z. B. in einer Schülerakte, die Sie immer griffbereit zur Hand haben). Zwei Stunden später haben Sie ansonsten den genauen Verlauf schon wieder vergessen.

Die konsequente Führung der Schülerakten ist bei Elternsprechtagen hilfreich

3. Fassen Sie zusammen, wenn sich die Einschätzung des Kindes durch Eltern und Schule stark unterscheidet. Versuchen Sie, gemeinsam mit den Eltern eine Linie für das weitere Vorgehen (evtl. Fördermöglichkeiten) zu finden.

Das Gespräch mit etwas Positivem beginnen

Bei manchen Kindern fällt es schwer, aber suchen Sie etwas Positives für den Beginn der Darstellung Ihrer Beobachtungen.

Trotzdem werden Sie nicht darum herumkommen, einige Eltern zu desillusionieren. Wahrscheinlich ist Ihnen inzwischen klar, dass Sie als Lehrerin eine Zusatzausbildung als „Hobby-Psychologin" benötigen. Das Problem dabei ist, dass einige Mütter und Väter, die ansonsten einen realitätsnahen Eindruck machen, anscheinend ein Zwillingskind in Ihrer Klasse sitzen haben. Zu Hause läuft bei diesen Familien grundsätzlich alles anders. Das Kind kann sich hier konzentrieren, hat das Diktat beim Üben mit 0 Fehlern geschrieben und ist sehr selbstständig, anderen Kindern gegenüber niemals aggressiv.

Aktives Zuhören

In verschiedenen psychologischen Ratgebern wird als effektive Art der Gesprächsführung in solchen Gesprächssituationen das „aktive Zuhören" propagiert. Das bedeutet konkret, dass man die Eltern in ihrer Enttäuschung und Wut ernst nimmt. Reaktionen von der Seite der Lehrerin wie: „Das empfinden Sie als sehr ungerecht." oder „Sie haben den Eindruck, dass nur Ihr Kind in seinem negativen Verhalten wahrgenommen wird." können als „Gesprächsöffner" die Gesprächsbasis so verändern, dass sich die Eltern auf ein Gespräch einlassen. Durch die Wiederholungen der Äußerungen („Widerhall-Technik") signalisiert man also eine Bereitschaft zum Zuhören und Wahrnehmen der Sorgen und Nöte, die dem Gespräch den Konfrontations-Charakter nimmt. Die Ermunterung zum weiteren Ausholen können so tiefer liegende Probleme (in der Familie, in der Klasse) zum Vorschein treten lassen und somit kann das zu Grunde liegende Problem bearbeitet werden. Wollen Sie diese Art der Gesprächsführung genauer nachlesen, empfehle ich Ihnen das Buch „Lehrer-Schüler-Konferenz" von Thomas Gordon.

Spüren Sie, dass die innerfamiliären Schwierigkeiten für das Elterngespräch eine Nummer zu groß sind, scheuen Sie sich nicht, die Eltern an eine Beratungsstelle zu verweisen. Legen Sie sich hierfür einen Ordner mit entsprechenden aktuellen Adressen und Telefonnummern an.

Professionelle Unterstützung nutzen

Insgesamt ist es ein großes Dilemma für Lehrerinnen: Wie weit muss, darf, sollte man sich vorwagen. Fest steht, dass Sie gegenüber Ihren Schülerinnen Verantwortung tragen, sodass Sie ggf. eingreifen müssen. Befindet sich Ihre Schule in einem sozialen Brennpunkt, bleiben Sie allerdings über kurz oder lang selbst auf der Strecke. Übertragen Sie einen Teil dieser Arbeit - sofern möglich und vorhanden - auf andere Mitarbeiterinnen der Schule (z. B. Schulpsychologen, Sozialpädagogen), um ausreichend Zeit und Kraft für Ihr eigentliches Aufgabengebiet zu behalten.

Geht es im Elterngespräch um die Förderung des Kindes in bestimmten Bereichen, sind die Eltern für ganz konkrete, einfache Tipps dankbar. Erklären Sie z.B. vor Ort den Umgang mit einer Schreibhilfe oder mit einem Karteikasten. Machen Sie sich die zusätzliche Mühe, für Eltern schwächerer Kinder ein übersichtliches Arbeitsblatt mit einfachen Fördermöglichkeiten für den Alltag bereitzuhalten (Beispiel: „Suchen Sie mit Ihrem Kind die Bücherei auf. Lesen Sie die ausgewählten Bilderbücher gemeinsam, abwechselnd. Stellen Sie Ihrem Kind zum Text, zu den Bildern Fragen."). Eltern können den Leistungsstand ihrer Kinder am besten an ausgewählten Arbeitsergebnissen, die exemplarisch für eine Stärke, Schwäche ihres Kindes sind, nachvollziehen. Auch wenn Ihnen die einzelnen Lernziele in ihrer Ausdrucksweise geläufig sind: Versuchen Sie sich in die Lage der Eltern zu versetzen und bleiben Sie konkret und anschaulich.

Bringen sie die Fördermaterialien mit und erklären sie diese den Eltern

Zeugnisformulierungen vorbereiten

Üblicherweise bekommen die Erstklässlerinnen nach dem ersten Halbjahr noch kein Zeugnis. Falls Sie sich jedoch zumindest für den zweiten Elternsprechtag (evtl. April des nächsten Jahres) die Mühe machen, für jedes Kind Zeugnisformulierungen (siehe auch Zeugnisbausteine unter Punkt 6) in den einzelnen Bereichen vorzubereiten, schlagen Sie gleich zwei Fliegen mit einer Klappe: Zum einen machen Sie die Eltern im Gespräch mit der „Übersetzung" der Formulierungen vertraut, die ansonsten von Laien nur

schwierig einzuordnen sind. Beispiel: „Sie kann sich im Zehnerraum orientieren.“ Was sich hier zunächst gut anhört, das Kind kann ja etwas, heißt übersetzt allerdings, dass das Lernziel, sich im Zwanzigerraum zu orientieren, nicht erreicht ist.
Zum anderen ersparen Sie sich viel Arbeit für die Ende des ersten Schuljahres anstehenden Berichtzeugnisse, die so schon vorformuliert sind.

2.5 Einbeziehung von Eltern mit Migrationshintergrund

Als ich an meiner ersten Grundschule mit einem Anteil von Schülerinnen mit Migrationshintergrund von 80% unterrichtet habe, existierte eine unsichtbare Grenze zwischen diesen 80% und den restlichen 20% der Eltern. Auch Kolleginnen von anderen Schulen fragten mich gelegentlich mitleidig: „Na, ist es sehr schwierig, an dieser Schule zu unterrichten?“ Eltern aus der 20%-Gruppe stellten außerdem häufiger Anträge, dass Ihr Kind eine andere Grundschule besuchen konnte.
Natürlich kann keine Lehrerin Wunder bewirken, aber Sie können zumindest immer wieder dazu beitragen, die Atmosphäre zu verbessern. Es geht auch nicht nur darum, allen Eltern den gleichen Respekt entgegenzubringen, sondern ihr Vertrauen zu gewinnen.

Richtige Aussprache ausländischer Namen lernen

Konkret ist dieses z. B. dadurch zu erreichen, dass Sie sich mit Erhalt Ihrer Erstklässler-Liste darüber informieren, wie die Namen der Kinder ausgesprochen werden. Außerdem sollten Sie mit Einschulungsbeginn über ein Grundwissen darüber verfügen, aus welchen (z. B. politischen) Gründen die Familie nach Deutschland gezogen ist.
Innerhalb des Klassenraumes bietet es sich an, eine Weltkarte aufzuhängen und die verschiedenen Herkunftsländer mit Fähnchen zu kennzeichnen.

Geografie-Unterricht, angewandter

Hierbei findet angewandter Geografie-Unterricht statt. Gleichzeitig kann das jeweilige Herkunftsland auch nach weiteren Besonderheiten untersucht werden. Oft ist es bei den Schülerinnen – ähnlich wie bei den Eltern – so, dass sie etwas nur deswegen ablehnen, weil sie zu wenig darüber wissen. Laden Sie die ausländischen Eltern ein, im Unterricht etwas über ihr Land zu erzählen oder Lieder Ihrer Heimat mit den Erstklässlerinnen zu singen. Eine Weltkarte, die am Ende des ersten Schuljahres mit vielen Fahnen und den dazugehörigen Geschichten bestückt ist, sagt mehr aus über die Weltoffenheit dieser Klasse als so manche Worte.
Außerdem können Sie auf einem Elternabend gemeinsame Klassenfeiern planen, auf denen z. B. alle Familien ein für ihr Land typisches Gericht zubereiten oder mitbringen.
Die erste Hürde wird allerdings oft die sein, dass nur wenige der Eltern zu diesem Elternabend erscheinen, die der deutschen Sprache nicht mächtig sind. Bieten Sie schon im ersten Gespräch an, dass ein übersetzender Verwandter, Freund der Familie auf den Elternabenden oder bei Elterngesprächen dabei sein kann.
Neuere Forschungsergebnisse zeigen, dass es für ausländische Kinder sehr wichtig ist, ihre Muttersprache gut zu beherrschen. Früher lautete mein Rat: „Sprechen Sie bitte mit Ihrem Kind deutsch.“ Heute weiß ich, dass ein Kind zum Erlernen einer neuen Sprache das Grundgerüst einer bereits beherrschten Sprache benötigt. Die Muttersprache ist sozusagen die Schablone, auf der das Erlernen der deutschen Sprache erst möglich wird. Sprechen

die Eltern nun aufgrund gutgemeinter Ratschläge nur noch ihr fehlerhaftes Deutsch mit den Kindern, verlieren diese oft völlig die Orientierung in der neuen Sprache. Natürlich ist jeder Deutschkurs der Eltern, jeder Kontakt zu deutschsprachigen Familien sehr begrüßenswert. Das Sprechen in deutscher Sprache mit dem Kind sollte aber gerade zu Beginn der Zeit in Deutschland möglichst in der Schule oder durch Kontakte mit deutschsprachigen Kindern stattfinden.

Lautschwierigkeiten

Unterschätzen Sie auch nicht die Lautschwierigkeiten, die das Erlernen einer neuen Sprache mit sich bringt: „Die Sprecher slawischer Sprachen müssen erst die Vokallängen hören lernen, um sie richtig zu sprechen und dann auch zu schreiben. Die spanischen Kinder haben Probleme mit den Zischlauten (z. B. sch), besonders im Anlaut, und versuchen einen Vokal „davor zu schmuggeln". Die türkische Sprache kennt kaum Konsonantenhäufungen und so schieben sie Vokale als Sprechhilfen dazwischen (sogenannte Sprossvokale, z. B. in Film = filim). Das alles passiert aber nur und verfestigt sich, wenn keiner zuhört und niemand darauf aufmerksam macht." (Schlotmann/Niggebrügge in Bartnitzky/Christiani 1995, S. 63)
Nur wenn Sie selber ausreichend über eventuelle Schwierigkeiten informiert sind, können Sie optimale Ratgeberin für ausländische Familien sein und im Unterricht auftretende Schwierigkeiten einordnen.

3. Einschulungsfeier und erste Schulstunde

Zeitpunkt: Vorüberlegungen im Februar
Information der Eltern auf dem ersten Elternabend

Frühe Kontaktaufnahme mit den zuständigen Kolleginnen

Die ersten Überlegungen hierzu sollten auf einer Dienstbesprechung Anfang Februar stattfinden. Bei der Vorbesprechung des Ablaufes geht es zunächst vor allem darum, welche Klasse, welche Kinder etwas vorführen werden. An vielen Schulen ist es üblich, dass immer ein bestimmter Jahrgang für das Programm verantwortlich ist. Je nachdem, wie wichtig Ihnen die Gestaltung der Einschulungsfeier ist, nehmen Sie mit der verantwortlichen Lehrerin Kontakt auf. Vielleicht können Sie einige Anregungen zum Programm geben, die im Zusammenhang mit der Identifikationsfigur der Klasse stehen. Wird es z. B. eine „Frosch-Klasse", wäre es möglich, ein als Frosch verkleidetes Kind durch das Programm führen zu lassen.
Auch wenn die Einschulung einer der feierlichen Höhepunkte im Leben eines Kindes und seiner Familie ist, sollte neben einer Ansprache durch die Rektorin der Spaß der Kinder an den Vorführungen nicht zu kurz kommen. Und weil die Schülerinnen den pädagogisch erhobenen Zeigefinger noch oft genug sehen werden, kann z. B. eine ähnliche Figur wie Pippi Langstrumpf zeigen, dass man den Erwachsenen, den Lehrerinnen auch mit Selbstbewusstsein und Mut gegenübertreten kann.

Viertklässler als Patinnen

Lassen Sie sich im Vorhinein auch die Möglichkeit durch den Kopf gehen, für jede Schülerin ein „Patenkind" aus einer vierten Klasse zu organisieren. Diese Viertklässlerinnen begrüßen die Erstklässlerinnen am Tag der Einschulung. An den ersten Schultagen können die großen Kinder weiterhelfen, wenn die Klassenlehrerin nicht in der Nähe ist (z. B. in den großen Pausen). Damit die Erstklässlerinnen ihre Patinnen wiederfinden, empfiehlt

es sich, dass beide eine Art Button, einen selbstgemachten Anhänger oder Ähnliches mit dem gleichen Symbol erhalten.
Außerdem können die Viertklässlerinnen ein Begrüßungsgeschenk für die neuen Erstklässlerinnen anfertigen, z. B. eine Fahne mit dem Namen des neuen Kindes (zu überreichen am Ende der Einschulungsfeier) oder ein selbst gestaltetes, laminiertes Frühstücksset mit Vorschlägen für ein gesundes Frühstück. Falls es sich anbietet, nehmen die Patenkinder die Erstklässlerinnen am Ende der Veranstaltung in Empfang. Jede Erstklässlerin wird feierlich aufgerufen und geht dann den Weg zur Bühne, evtl. an der Hand des Paten als symbolische Unterstützung, Richtung Schulleben.
Hilfreich wird das Patenkind auch dann, wenn es notwendig wird, für das kleinere Kind eine Bresche durch den „Video-Kamera-Wald" zu schlagen. Spätestens jetzt laufen auch die letzten Eltern „Amok" und versuchen diese Schritte ihres Kindes in den neuen Lebensabschnitt auch unter Schmerzen für die Ewigkeit festzuhalten.

Genaue Planung der Einschulungsfeier und genaue Instruktionen sind nötig

Überdenken Sie wie eine Regisseurin jeden Schritt der Einschulungsfeier, damit Sie die Eltern genau instruieren können (Das sollte schon auf dem ersten Elternabend geschehen). Werden die Schultüten der Kinder vorher in der Schule abgegeben? Sollen die Schülerinnen bereits mit Schulranzen erscheinen? Was muss in der ersten Schulstunde am Einschulungstag in dem Ranzen vorhanden sein (Stifte, Schere, ...)? Da einige Eltern dazu neigen, die Schultüte bis oben hin mit Süßigkeiten zu füllen, können Sie auf dem Elternabend alternative Vorschläge machen (Dinge von der Materialliste, Erstlesebücher).

Erste Schulstunde (im direkten Anschluss an die Einschulungsfeier):
Gehen wir einmal von dem glücklichen Fall aus, dass Sie mit allen neuen Erstklässlerinnen mit Unterstützung der Patenkinder wohlbehalten in der Klasse angekommen sind. Das ist nicht selbstverständlich, so manche Erstklässlerin macht doch schnell noch einmal einen Abstecher in den sicheren Eltern-Hafen. Außerdem kann der Druck für einige Kinder so groß werden, dass alle Schleusen brechen und sie sich unter Tränen dagegen wehren, mit in die Klasse zu gehen. Vor allem sensiblere Kinder, die das Großaufgebot einschüchtert, oder auch Kinder, die keinen Kindergarten besucht haben, sind davon betroffen.
Versuchen Sie einige Überredungskünste, manchmal hilft schon das Angebot, die Klassenfigur (Plüschtier) tragen zu dürfen. Dehnen Sie das Ganze aber nicht zu sehr in die Länge, weil es durchaus passieren kann, dass andere Erstklässlerinnen von einer Welle des Mitleids mitgerissen werden.
In der Klasse suchen sich die Kinder zunächst einen Sitzplatz. Falls sie bereits in der Schnupperstunde Namensschilder gebastelt haben, können sie sich anschließend ihr Namensschild vom runden Zeigeteppich an ihren Platz holen. Je nachdem wie cool Sie inzwischen sind, fällt Ihnen hier vielleicht schon ins Auge, welche Kinder beim Erkennen des eigenen Namens noch Schwierigkeiten haben. Wahrscheinlich werden Sie aber eher Dankgebete zum Schulgott schicken, dass bis hierher alles geklappt hat.

Sitzkreiszeichen

Jetzt können Sie bereits das erste „Ritual" einführen und heften ihr Sitzkreiszeichen (siehe Seite 57) an die Tafel. Einige Kinder werden sicherlich ihre Ideen hierzu äußern.
Falls Sie als Sitzordnung Gruppentische arrangiert haben, können Sie diese im Vorhinein mit einer Topfblume in einer bestimmten Farbe und dem

dazu passenden Übertopf bestücken. So ist den Kindern neben einer netten Atmosphäre gleichzeitig für die folgenden Wochen klar, dass ihr Tisch der rote, gelbe, blaue Tisch ist. Bitten Sie die Kinder der Gruppentische anhand der Farbnennung nacheinander in den Stuhlkreis. Vielleicht macht es an dieser Stelle auch schon Sinn, ein Kind demonstrieren zu lassen, wie man einen Stuhl trägt. Sie glauben gar nicht, auf welche kreativen Varianten einige Kinder kommen, wenn der Durchgang zum Sitzkreis etwas eng ist.

Begrüßungsritual

Im Stuhlkreis muss jetzt soviel Zeit sein, dass jedes Kind dieser neuen Klassengemeinschaft gewürdigt wird. Eine handliche Kerze mit Schale unterstützt das feierliche Begrüßungsritual. Die Lehrerin beginnt mit der Kerze in beiden Händen ein Kind mit den folgenden Worten zu begrüßen: „Hallo Luise, ich heiße Frau XY. Es ist schön, dass du in meiner Klasse bist." Anschließend übergibt sie vorsichtig die Kerze. Natürlich können Sie diesen eher schwierigen Spruch in Anlehnung an das, was Sie Ihren Schülerinnen zumuten wollen, variieren. Die Kinder wissen meist sehr genau, wer schon begrüßt wurde, sodass die Kerze querbeet durch den Sitzkreis wandert, ohne dass zum Schluss jemand übersehen wurde.

Je nachdem, wie stark zu diesem Zeitpunkt Ihr Nervengerüst noch ist, können Sie auch die Identifikationsfigur der Klasse mit in dieses Begrüßungsritual einbeziehen und die Figur im Sinne einer Handpuppe einige Worte von sich geben lassen. Zum Beispiel könnte sie ihre „Angst" vor den neuen Kindern, die sie alle nicht kennt, und ihre Sorge, dass alle schon ihren Namen lesen können, aber sie selbst noch nicht, äußern.

Vermutlich ist nun schon einige Zeit im Stuhlkreis vergangen und die Kinder haben das Bedürfnis, sich zu bewegen. An dieser Stelle ist ein kurzes Lied mit Bewegungselementen angebracht. Perfekt wäre ein Lied, das die Schülerinnen bereits auf der Einschulungsfeier gehört haben und nun nachsingen können. Vielleicht sind Sie ja auch so weit dichterisch begabt, dass Sie ein eigenes Klassenlied auf eine bekannte Melodie texten.

Erste Schreibaufgaben

Natürlich muss in der ersten Stunde auch etwas geschrieben, gelesen oder gerechnet werden, um sich vom Kindergarten abzugrenzen, um ein echtes Schulkind zu sein. In Ihrer Klasse existiert wahrscheinlich eine Anlauttabelle passend zur Fibel. Es ist zum Beispiel möglich, Rätselwörter zu legen, d. h. Anlautbilder zu einem Wort legen (Bsp.: Maus, Apfel, Maus, Apfel = MAMA) und dieses von den Kindern „erlesen" lassen. Als Einzelarbeits-Aufgabe bietet es sich dann an, dass die Schülerinnen ihren Namen mit vorbereiteten Anlautbildern auf der Rückseite ihres Namensschildes aufkleben. Da diese Aufgabe viele Kinder überfordern wird, sollte vorsichtshalber der Name für alle Kinder in Anlautbild-Schrift vorbereitet sein.

Eine andere Variante, auch die Buchstaben betreffend, ist das Auslegen aller Namen in Kreuzworträtsel-Form. Das heißt, dass jeder Name auf der Vorderseite waagerecht und auf der Rückseite senkrecht in Großbuchstaben vorbereitet auf dem Teppich liegt. Nun sollten die Kinder zunächst ihren Namen wiedererkennen und anschließend gemeinsame

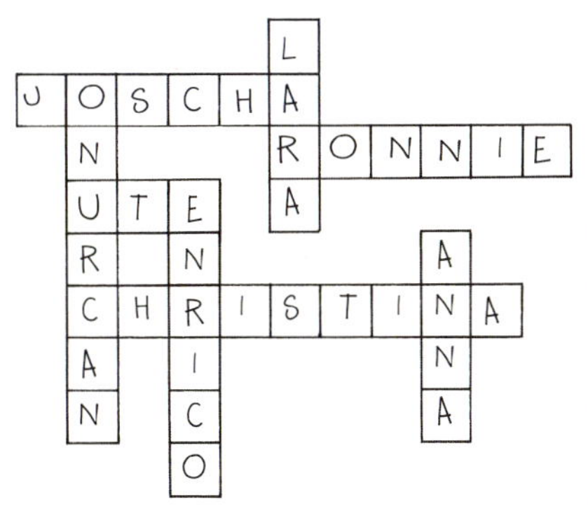

Namen-Kreuzworträtsel

Buchstaben entdecken (Bsp.: JOSCHA und ONURCAN beide mit O), die dann wie ein Kreuzworträtsel miteinander verbunden werden (Bezug Klassengemeinschaft: alle Namen miteinander kreuzen und aufkleben).

Erste Hausaufgabe

Anschließend könnten die Kinder in Partnerarbeit gemeinsame Buchstaben der Namen der Lehrerin, des Lehrers, der Klassenfigur, etc. als Kreuzworträtsel puzzeln und evtl. aufkleben.

Wichtig ist abschließend die Hausaufgabe, die die Erstklässlerinnen vollends in den Schulkinder-Olymp hebt. Idealerweise erwächst sie aus der vorherigen Arbeitsaufgabe, ansonsten könnten die Kinder die erste Seite für ihr späteres Schul-Tagebuch gestalten. Berücksichtigen Sie allerdings, dass es schwierig ist, die Gegenstände, die sich in der Schultüte befinden, zu malen (eine beliebte erste Hausaufgabe). Außerdem sollte diese Hausaufgabe natürlich nicht zu umfangreich sein, denn den Kindern bleibt nur noch der Sonntag, um sich von allen Strapazen zu erholen.

Für die aufgeregten Eltern, Großeltern etc. bietet sich übrigens eine Beschäftigungstherapie in Form eines Getränkestandes an. Kaffee, Prosecco, Saft finden hier reißenden Absatz, um sich wenigstens an einem Becher festhalten zu können, während man die Feuerprobe des eigenen Kindes abwartet. Das hier eingenommene Geld kommt wiederum der Schule zugute.

4. Einführung und Aufbau der Klassenrituale

Zunächst kann man sich darüber streiten, ob die Bezeichnung als „Rituale" in diesem Zusammenhang nicht etwas zu hoch gegriffen ist und man eher von einer „Ritualorientierung" des Unterrichts und Schullebens sprechen sollte (vgl. Kaiser 2006, S. 15).

Letztendlich geht es an dieser Stelle um Klassenstrukturen, die entweder der Idee der Lehrerin folgen und auch aus der Klassengemeinschaft heraus erwachsen. Teilweise haben diese Strukturen Züge eines Rituals (z. B. Morgenkreis, Geburtstagsfeier), teilweise sind sie ritualisierte Ordnungsprinzipien oder Arbeitsmethoden.

Rituale geben den Kindern Strukturen im Schulalltag

In meiner Klasse erlebe ich einen regelrechten Hunger nach verlässlich wiederkehrenden Handlungsabläufen. Vielleicht als eine Art Kompensation gegenüber einem Familienleben, das immer häufiger auf Rituale wie gemeinsames Essen, Vorlesen vor dem Schlafen und gemeinsames Singen verzichtet.

Mein persönlicher Hunger nach ritualisierten Abläufen resultiert vor allem aus dem Wunsch nach Arbeitserleichterung und dem Bedürfnis, weniger reden zu müssen. Dass dabei auch noch die Schülerinnen in ihrer Selbstständigkeit gestärkt werden und sich ihre Schulzufriedenheit auf mich überträgt, sind sehr erfreuliche Begleiterscheinungen.

Dringt man noch tiefer in die Materie ein und fragt sich, warum Rituale letztendlich auch einen großen Beitrag zur Bildung des Gemeinschaftsgefühls leisten, landet man bei vielschichtigen, natürlichen Gruppenprozessen innerhalb dieser Rituale.

Rituale nach und nach einführen

Abschließend gilt auch für das Einführen von Ritualen oder Strukturierungshilfen: Nicht möglichst viele Rituale möglichst schnell einführen! Denken Sie an die Effektivität der kleinen Schritte.

4.1 Einführung verschiedener akustischer und optischer Signale

In den ersten Tagen des ersten Schuljahres stellt der Morgenkreis eine feste Sequenz des Tages dar. Um den Schülerinnen die Einführung eines neuen akustischen oder optischen Signales anzukündigen, wird ein rotes Tuch auf den Zeigeteppich gelegt. Wie schon unter dem Punkt „Gestaltung des Klassenzimmers" beschrieben, soll dieser runde Teppich die Aufmerksamkeit der Schülerinnen, die im Kreis darum sitzen, bündeln. Dann wird zum Beispiel die Triangel auf das Tuch gelegt, um gemeinsam deren Bedeutung zu besprechen: *Dreimaliges Schlagen der Triangel = Beenden der jeweiligen Phase und Aufräumzeit*. Ist das Signal nicht mit einem bestimmten Gegenstand verknüpft, liegt nur das rote Tuch aus oder es bietet sich an, eine einfache Zeichnung des Sachverhaltes auf das rote Tuch zu legen.
Weitere akustische Signale:
Schlagen der Klangschale = sofortige absolute Stille (z. B. um eine zusätzliche Erklärung geben zu können);
Klassische oder Entspannungsmusik = Lob; die Arbeitsruhe funktioniert so gut, dass die Musik parallel laufen kann;
Ausspruch „Arbeitszeit ist Flüsterzeit, sei bitte leise!" = Erinnerung an die Arbeitsruhe. Die kann durch ein aufgehängtes Schild verstärkt werden.
Übrigens ist es für Erstklässler allgemein hilfreich, Anweisungen an die gesamte Klasse als Ansprache an den Einzelnen („Du holst jetzt bitte dein Merkheft heraus!") zu richten. Durch diese Ansprechform ist es möglich, die Wahrnehmung der Erstklässlerinnen direkter zu erreichen. Im Verlauf des ersten Schuljahres spüren Sie dann meist intuitiv, wann der Zeitpunkt gekommen ist, die Kinder als Gruppe anzusprechen.

Anweisungen

Optische Signale
Leisezeichen mit den Händen bilden (es gibt hier verschiedene Varianten) = sofortige absolute Stille;

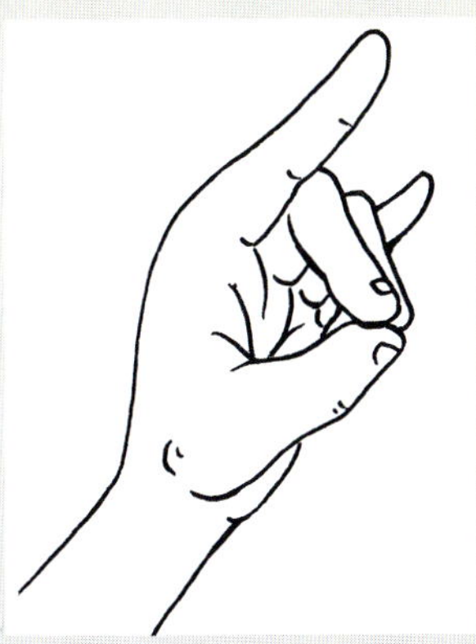

Leisefuchs

Leisezeichen

Plakat für die Arbeitszeit mit schlafender Klassenfigur = Erinnerung an die Arbeitsruhe;
Schild mit Stuhl im Kreis an die Tafel geheftet = Bilden eines Stuhlkreises (Varianten für Steh- und Mattenkreis sind möglich);
Lehrerin zeigt einen (zwei, ...) Finger = der Gruppentisch mit der Nummer eins (zwei, ...) darf zuerst zum Stuhlkreis kommen.
Hier wird schon deutlich, dass die Zeichen sehr individuell und von daher auch veränderbar sind. Allerdings halte ich es für wichtig, dass diese Zei-

chen möglichst in allen Klassen der Schule gelten, um Fach- oder Vertretungslehrer nicht verzweifeln zu lassen, die sonst jede Klasse mit einem speziellen „Signal-Übersetzungsplan" betreten müssten.
Vielleicht fragen Sie sich, warum für eine gewünschte Verhaltensweise mehrere Zeichen nötig sind. Eigentlich müsste es eher verwirrend sein, wenn verschiedene Signale die gleiche oder eine ähnliche Bedeutung haben. Doch der Grund hierfür ist ganz einfach der, dass sich die Erstklassenlehrerin während einer Stunde an ungefähr 47 verschiedenen Orten aufhält. Also hat man die Möglichkeit, bei Unruhe während der Arbeitszeit nicht unbedingt jedes Mal den Weg zur Klangschale zurücklegen zu müssen, sondern kann an Ort und Stelle mit dem Satz „Arbeitszeit ist Flüsterzeit, sei bitte leise!" an die notwendige Ruhe erinnern.

4.2 Ordnungssystem/Ämterverteilung

Stellen Sie sich folgende Situation vor: Es klingelt nach der letzten Schulstunde, Sie bewegen sich mit Ihrer letzten Kraft Richtung Lehrertisch, einem verdienten Feierabend entgegen. Auf dem Weg dorthin fallen Ihnen anfänglich nur kleinere auf dem Boden liegende Papierschnipsel auf, Sie heben Ihren Blick höher und entdecken einsam zurückgebliebene Tuschunterlagen auf verschiedenen Tischen. Zuletzt bemerken Sie ca. 4-8 Arbeitsblätter, nicht abgeheftet. Wenn die Schülerinnen nun auch noch vergessen haben, Ihre Stühle hochzustellen, vergessen Sie Ihren Feierabend. Um es sich mit der Reinigungskraft nicht ganz zu verscherzen, werden Sie jetzt Überstunden machen. Selbst schuld! Genau jetzt werden Sie nach einem gut funktionierenden Ordnungssystem und einer Verteilung der Arbeit auf alle Schultern lechzen.

Ablage, unter dem Tisch

Gemeinsames Abheften

Vielen Erstklässlerinnen fällt das Einhalten eines Ordnungsprinzips oft noch schwer. Falls die Schülertische eine Ablagemöglichkeit haben, neigen unselbstständige Kinder dazu, diesen bequemen Weg zu wählen. Innerhalb kürzester Zeit befindet sich dann ein Wust von Zetteln und Büchern unter ihrem Arbeitsplatz. Deshalb muss man sich gerade anfangs immer wieder die Zeit nehmen, Arbeitsblätter (nur vollständig und kontrolliert) gemeinsam abzuheften und die Mappe z. B. anschließend in die für das Fach Deutsch vorgesehene Ablage zu packen. Übrigens hilft alle Geduld nichts, wenn die Eltern nicht am selben Strang ziehen. Wird das Kind z. B. von der fürsorglichen Mutter direkt aus dem Klassenzimmer abgeholt, packt diese meist den Ranzen und heftet bei dieser Gelegenheit auch noch die zerknitterten Arbeitsblätter unter dem Tisch ordentlich in die Mappen ein.

Klassendienste

Beginnen Sie so früh wie möglich damit, den Kindern Dienste (Ämter) und somit Verantwortung zu übertragen. Gerade in der ersten Klasse fühlen sich die meisten Schülerinnen durch diese Miteinbeziehung geehrt und belohnen das in sie gesteckte Vertrauen mit einer gewissenhaften Ausführung ihres Amtes. Klassenspezifisch muss nun überlegt werden, welche sinnvollen Ämter an die Kinder vergeben werden können: Blumen gießen, Tafel wischen, Verteilen von Arbeitsblättern, Ausleeren des Altpapiers, Hochstellen der Stühle am Schulschluss, Aufräumen der Spielecke (bzw. Nachräumen)....

Symbolkarten erleichtern Verständnis

Entwickeln Sie für all die von Ihnen benötigten Ämter einfache Symbolkärtchen. Eine Kollegin hatte z. B. die Idee, die Klassenfigur (so weit möglich) beim „Ausführen" einer Tätigkeit zu fotografieren. Weil Handpuppen in den seltensten Fällen Stühle hochstellen können, fotografierte sie die Figur sitzend auf dem hochgestellten Stuhl. Laminieren Sie anschließend diese Karten oder Fotos und platzieren Sie sie an einer übersichtlichen Wand des Klassenraumes.

Namensklammern

Die Einteilung der Dienste erfolgt am einfachsten mit Wäscheklammern, die mit allen Namen der Klasse beschriftet sind. Montags werden diese Dienste dann für den Zeitraum einer Woche zugeteilt. Eine Übersichtsliste zu führen, wer welches Amt schon innehatte, ist sehr zeitaufwendig. Hängt man die Wäscheklammern an ein Stück waagerecht befestigte Schnur, sind es einfache Handgriffe, Klammern der letzten Woche abzunehmen und rechts aufzureihen. Durch dieses alternierende System ist zumindest gewährleistet, dass die zeitliche Reihenfolge eingehalten wird. Natürlich kann es hierbei passieren, dass ein Kind im zweiten Durchgang dem selben Dienst zugeteilt wird. Vorteil bei dieser Art der Einteilung ist aber, dass die Lehrkraft mit den Wäscheklammern jonglieren und manipulieren kann. Am Anfang der ersten Klasse können nicht alle Kinder alle Dienste bewältigen.

Aufräumstunde

Mindestens einmal im Monat sollte man eine gemeinsame Aufräumstunde einplanen (eine sehr praktische, lebensnahe Erfahrung im Bereich Sachunterricht: Klassenraum gestalten, Ordnungssystem). Spätestens hier fällt auf, wer noch große Schwierigkeit mit der selbstständigen Organisation seiner Arbeitsmaterialien hat. Außerdem macht es den Schülerinnen erstaunlich viel Freude, im Anschluss an das Aufräumen des Faches auch die gesamte Klasse zu putzen. Nach einigen Putztagen mit Müttern und Vätern halte ich inzwischen auch hier die Eigenverantwortung der Kinder für sinnvoll. Sie können und wollen oft viel mehr, als man ihnen zutraut.

Ordnung im Regal

Für die verschiedenen Regale mit Gesellschafts-, Lern- und Leisespielen habe ich eine Anregung einer Kollegin für ein sehr gut funktionierendes Ordnungssystem aufgegriffen. Jedes Spiel wird mit einem Klebepunkt (z. B. Lernspiele für das Fach Deutsch mit einem roten Klebepunkt) und einer Nummer versehen. In das Regal wird ein Punkt identischer Farbe und Nummer geklebt, sodass jedes Kind den Aufbewahrungsort des Spiels leicht wiederfinden kann. Dieses durchgängige Ordnungsprinzip erleichtert den Schulalltag ungemein.

4.3 Leisekarten und Dreischritt-Methode

Keine Ausnahmen der Regeln zulassen

Interessanterweise hatte ich in den ersten Jahren das unbestimmte Gefühl, den Schülerinnen keine absolut stille Arbeitsphase abverlangen zu können. Doch Kinder fühlen sich gerade dann wohl, wenn das Verhalten der Lehrerin und die Ansprüche ganz klar sind. Das große Problem ist nämlich, dass das Zulassen von Ausnahmen sofort zu einem Zusammenbruch des Regelsystems führen kann. Die Kinder sind letztendlich für Konsequenz, Geradlinigkeit und Gerechtigkeit dankbar.

Dass es in Partner- und Gruppenarbeitsphasen nicht ganz leise sein kann, ist verständlich. Im Laufe der Jahre bekommt man jedoch ein feines Gespür dafür, inwiefern die Unruhe produktiv zu deuten ist. Inzwischen habe ich vor der Klasse stehend auch die Geduld, das Einhalten von Ruhe konsequent einzufordern. Als ob der Blick einer Lehrerin im Laufe der Jahre immer schärfer wird, sehe ich meist die Störquellen (Stift in der Hand, Auto unter dem Tisch – ja, man lernt sogar durch Tische hindurchzusehen) sofort und dränge auf ihre Beseitigung. Unterstützender Spruch: „Die Hände liegen ruhig auf dem Tisch und die Augen sind jetzt bei mir." Für eine Unterrichtsstunde ist es tödlich, wenn man konstant gegen einen vorhandenen Geräuschpegel anzureden versucht. Gleichzeitig muss man natürlich selbstkritisch bleiben und einsehen, wenn die Unruhe durch eigene Planungsfehler, z. B. durch eine kognitive oder zeitliche Überforderung der Kinder, bedingt ist. Hier sollte man spontan darauf reagieren und andere Wege finden, auch wenn das Stundenziel dadurch in weite Ferne rückt.

Die Jahre des Sammelns von Erfahrung kann leider niemand ersparen. Vielleicht besitzt man eine angeborene Gelassenheit und ein Selbstverständnis, dass man eine gute Lehrerin ist. Das sind schon drei Viertel der Miete. Ansonsten sollte man sich immer wieder auf den Kernsatz: „Ich fahre erst fort, wenn ich die ungeteilte Aufmerksamkeit aller Schülerinnen habe." konzentrieren. Diese Aufmerksamkeit kann zwar nur zur Schau gestellt sein, trotzdem haben in diesem Moment die aufnahmebereiten Kinder das Recht auf absolute Stille. Die Regel „Wenn ich rede, sind die Anderen leise" gilt natürlich auch für alle Schülerinnen: Möchte ein Kind zu seinem Beitrag ansetzen und ein anderes Kind stört, helfe ich mit einem Satz dieser Art: „Linus, warte bitte, Sara muss erst noch zur Ruhe kommen."

Gesprächsregeln

Sicherlich ist Ihnen das gängige Leisezeichen (linker Zeigefinger vor dem Mund, rechte Hand als optische Unterstützung in die Luft erhoben) bekannt. Was aber tun, wenn man vor der Klasse steht und nur ein oder zwei Kinder dieses Zeichen auch registrieren? Eine gute akustische Verstärkung ist jetzt das verbale Hervorheben dieser Kinder: „Ich freue mich, dass Leonie (alternativ: Nennung eines ganzen Gruppentisches) schon etwas bemerkt hat!" Dieses Lob bedeutet den meisten Schülerinnen viel und sehr schnell machen daraufhin alle Schülerinnen mit.

Positives Verhalten bei zu hohem Lautstärkepegel loben

Eine andere Möglichkeit der positiven Verstärkung vor allem für das Einhalten der Arbeitsruhe in bestimmten Phasen sind Leisekarten.

Leisekarten

Grundsätzlich funktioniert das Prinzip der Leisekarten (Vorschlag: laminierte kleine Kärtchen mit einem Bild, Foto der schlafenden „Klassenfigur" oder die Karte auf Seite 61) so, dass am Ende eines Tages oder einer Stunde Kärtchen an die Schülerinnen verteilt werden, die bestimmte Regeln beachtet haben. Um vermeintliche Willkür zu vermeiden, muss vorher genau geklärt werden, ob man die Karte z. B. für das Einhalten einer bestimmten Arbeitsruhe-Phase oder auch für das Erinnern an das Einhalten der stillen Arbeitszeit (ein Kind stellt sich z. B. mit dem vereinbarten Leisezeichen vor die unruhig gewordene Klasse) bekommen kann.

Es hilft den Kindern, wenn diese ruhigen Arbeitsphasen auch optische oder akustische Verstärker haben (siehe auch Punkt 4.1). Das kann zum Beispiel ein Symbol an der Tafel (siehe Seite 56) oder der leise tickende Küchenwecker (bei uns in Form einer „Mucks-Mäuschen-Leise-Maus") sein.

Token-System (generalisierte konditionierte Verstärker)

Am Ende einer Woche wird dann ausgezählt, ob der Schüler/die Schülerin es geschafft hat, fünf Leisekarten zu sammeln. Diese fünf Kärtchen können gegen ein Gummibärchen oder Aufkleber eingetauscht werden. Obwohl uns Erwachsenen dieses Tauschgeschäft nicht besonders reizvoll erscheint, ist die Begeisterung der Kinder für die kleine Belohnung, verbunden natürlich mit dem indirekten Lob vor der ganzen Klasse, enorm.

Schafft es ein Kind in einer Woche nicht, fünf Karten zu sammeln, bleibt zu überlegen, ob in der nächsten Woche weitergesammelt werden darf, oder die gesammelten Karten verfallen. Ich halte es für sinnvoll, die Karten sammeln zu lassen, damit die positive Verstärkung nicht verfällt. In diesem Fall dürfen auch die nach Abzug der fünf Karten am Ende einer Woche bleibenden Restkarten als Startpaket mit in die nächste Woche genommen werden. Als Aufbewahrungsort für die Kärtchen bietet sich eine Box aus dem Baumarkt mit kleinen Plastik-Schubladen (mit Namen beschriften) an.

Nach einer bestimmten Zeitspanne der Verwendung von Leisekarten sollte das Verhalten so automatisiert sein, dass sich die Klasse von diesem Belohnungssystem verabschieden kann. Ansonsten besteht die Gefahr der Abnutzung. Ich bin irgendwann dazu übergegangen, die Klasse während einer besonders gut funktionierenden Arbeitszeit durch ein einfach gemaltes Bild mit einer Mitteilung an der Tafel („Ihr arbeitet spitze!") oder auch durch das Anstellen einer ruhigen, schönen Musik zu loben. Falls es weiterhin einzelne Schülerinnen gibt, die eine gezielte positive Verstärkung benötigen, kann man durch „Einzel-Verträge" versuchen, diese Schwierigkeiten zu beheben.

Einzel-Verträge

Außerdem sollte man sich bei den Leisekarten bewusst sein, dass ein Großteil der Motivation hier von außen erzeugt wird (extrinsisch), wobei die innere (intrinsische) Motivation der Kinder immer höchstes Ziel bleibt.

Regelverstöße

Es wäre blauäugig zu behaupten, dass unser Beruf immer nur mit positiver Verstärkung funktioniert. Nicht-Einhalten von Regeln muss natürlich auch sanktioniert werden. Versuchen Sie dabei möglichst sachlich zu bleiben: „Du musst jetzt leider den Stuhlkreis verlassen, weil dein Verhalten unsere gemeinsame Arbeit im Moment stört." Die schlechtere Variante wäre folgende: „Das war ja klar. Wie immer stört Benjamin!" Bei dieser Äußerung vermitteln Sie Benjamin, dass Sie ihn über seine Rolle als Ruhestörer definieren. Im Sinne der „sich selbst erfüllenden Prophezeiung" wird er vermutlich bald selbst davon überzeugt sein, dass seine Aufgabe das Aufmischen der Klasse ist.

Nur das androhen, was man auch durchführen kann

Außerdem müssen Strafen sofort folgen, damit den Kindern der Zusammenhang deutlich bleibt. Drohen Sie dabei aber nie mit Strafen, die nicht ausgeführt werden können: „Wenn du wieder auf dem Weg zur Toilette stänkerst, werde ich dich die nächsten Male begleiten."

Dreischritt-Methode

In diesem Zusammenhang ist auch noch die sehr effektive „Dreischritt-Methode" zu erwähnen. Prinzip dieser Methode ist das zweimalige Verwarnen bzw. Anzählen der Schülerinnen und eine folgende Konsequenz nach dem dritten Regelverstoß im Verlauf eines Schultages. Umsetzbar ist dieses Prinzip durch eine Art Ampel (siehe Seite 59). Legen Sie zunächst gemeinsam mit den Schülerinnen alle für die Klasse wichtigen Regeln fest. Überlegen Sie Konsequenzen, die bei dreimaliger Nichteinhaltung folgen können. Zum Beispiel kann es einen Elternbrief mit nach Hause geben (beim dritten Elternbrief werden die Eltern zu einem gemeinsamen Gespräch mit Kind und Lehrerin in die Schule zur gemeinsamen Klärung der Problematik eingeladen). Das Ausführen einer bestimmten „Strafe" als Konsequenz für die Erstklässlerinnen ist schwierig zu realisieren. Je nach Schwere des Verstoßes kann das Kind z. B. von einer gemeinsamen Veranstaltung ausgeschlossen werden oder einen bestimmten Auftrag erhalten (z. B. das Klassenzimmer fegen).

Die Namen aller Kinder stehen auf Wäscheklammern, die sich am unteren Ende der 1,2,3-Ampel befinden und im Verlauf eines Schultages bei schlechtem Verhalten von der Lehrerin stufenweise höher befestigt werden können. Mit Beginn des neuen Schultages wandern alle Klammern wieder nach unten auf die Ausgangsposition.

4.4 Tagesdatum und Tagesplanung

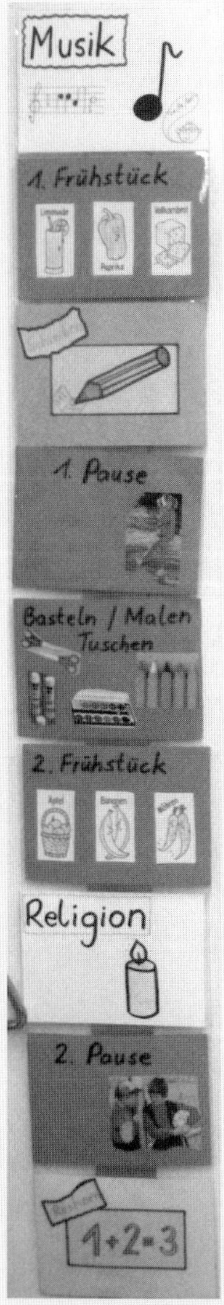

Fächerkarten

Jeder Unterrichtstag beginnt nach der Begrüßung mit der Notation des Datums. Ich habe festgestellt, dass den Kindern so das Thema „Zeit – Tag, Woche, Monat, Jahr" durch die tägliche kurze Auseinandersetzung viel näher gebracht werden kann, als dies z. B. in einer Unterrichtseinheit über zwei Wochen im Sach- oder Mathematikunterricht zu leisten ist. Anfangs notiere ich Wochentag und Datum, später wird dies häufig automatisch von den Schülerinnen vor Unterrichtsbeginn übernommen. Hilfreich ist hier ein Kalender als Orientierung, der neben der Tafel hängt. Natürlich werden so auch die Wechsel der Jahreszeiten oder Feiertage aktuell berücksichtigt.

Fächer-Symbolkarten

Nach der Besprechung des Datums erkläre ich den Kindern den Plan für den Tag. Das bedeutet, dass die vorher an einer Magnetleiste oder an der Tafel in der richtigen Reihenfolge aufgehängten Symbolkarten (siehe Seite 62-64) für die einzelnen Stunden benannt werden. Durch einen verschiebbaren Pfeil kann den Schülerinnen später deutlich gemacht werden, in welcher Phase des Tages sie sich befinden. Vergesse ich diesen Plan am Anfang des Tages, weisen mich die Kinder sofort darauf hin, da ihnen diese Art der Orientierungsmöglichkeit gerade im ersten Schuljahr mit den anfangs unüberschaubar langen Tagen eine sehr große Hilfe ist.

Um die Schülerinnen nicht mit Informationen zu überfrachten, skizziere ich den Tagesplan nur kurz, teile den Kindern dann aber zu Beginn jeder neuen Unterrichtsstunde meist deren Inhalt mit (Ausnahme: entdeckendes Lernen).

4.5 Ritualisierter Einsatz der Tafel

Feste Bereiche an der Tafel für wiederkehrende Inhalte erleichtern das Schulleben

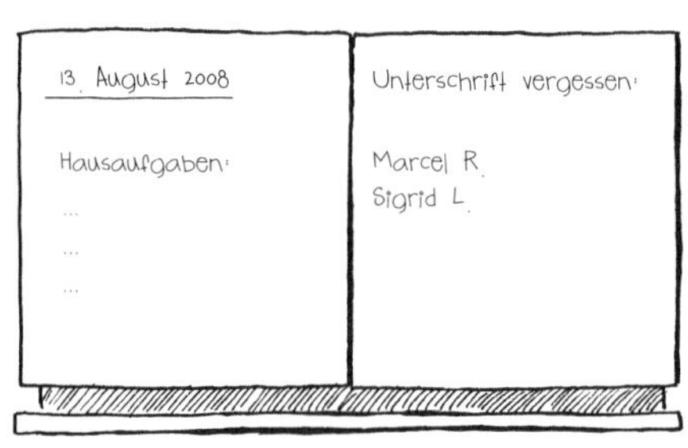

Vorschlag der Tafeleinteilung (außen)

Auch beim Beschriften der Tafel bietet es sich an, feste Plätze für bestimmte Bereiche zu reservieren. Diese Art der Strukturierung dient wieder als Orientierungshilfe für die Erstklässlerinnen.

Folgende Einteilung ist hierbei möglich: Hausaufgaben werden täglich auf der linken, äußeren Tafelhälfte unterhalb des Wochentages mit Datum notiert.

Drastisch, aber wirksam, und manchmal das letzte Mittel: Notieren Sie die Namen der Kinder, die zum wiederholten Male z. B. das Überbringen einer wichtigen Elternunterschrift vergessen, auf der rechten, äußeren Tafelhälfte.

Wurde die Durchführung einer bestimmten Aufgabe auf dem Zeigeteppich im Sitzkreis zunächst präsentiert, werden die einzelnen Handlungsschritte anschließend im rechten, inneren Teil der aufgeschlagenen Tafel festgehalten und von einem Schüler, einer Schülerin verbalisiert.

Beispiel:

1. Bild von einer Schere („Zuerst schneide ich aus.")
2. Bild von Buntstiften („Danach male ich an.")
3. Bild eines Klebestiftes („Zum Schluss klebe ich auf.")

Der innere Mittelteil der Tafel ist für gemeinsame Übungen und Erarbeitungen vorbehalten.

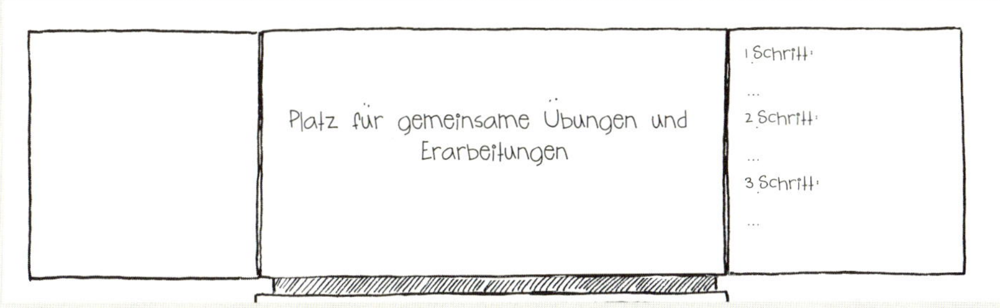

Vorschlag der Tafeleinteilung (innen)

Während im Sitzkreis zu einer Erarbeitung als stummer Impuls eine Lupe dazugelegt werden kann (Symbol für „Schau genau, was fällt dir auf?"), kann an der Tafel die Lupe zu der Erarbeitung gezeichnet werden.

4.6 Ritualisierte Kontrollmöglichkeiten (der Hausaufgaben und Arbeitsergebnisse)

Hausaufgaben würdigen

Wie weit muss die Würdigung und wie weit die Kontrolle bei den Hausaufgaben gehen? Darüber gibt es unter allen Lehrerinnen sehr unterschiedliche Auffassungen. Tatsache ist, dass Sie allein mit einer ausführlichen Kontrolle der Hausaufgaben einige Stunden des Tages zubringen können. So kommt es auch immer wieder zu Unmut auf Seiten der Eltern, wenn die Hälfte der Unterrichtsstunde damit verbracht wurde, Hausaufgaben gemeinsam zu kontrollieren, „nur damit die Lehrerin dieses nicht am Nachmittag tun muss". Hier ist wieder ein gesundes Mittelmaß angebracht. Die Kontrollzeit sollte ökonomisch sein, außerdem sollte in manchen Bereichen eine detaillierte Kontrolle stattfinden. Sie müssen entscheiden, ob die Hervorhebung einzelner Fehler und deren mögliche Korrektur einen Lernzuwachs bei den Schülerinnen bedeutet. Ansonsten nehmen Sie die Erledigung mit einem einfachen Stempel oder Kürzel zur Kenntnis.

Überdenken Sie auch die traditionelle Form des Vergleichens der Hausaufgaben durch Abhaken der Aufgaben durch die Schülerin. Regelmäßig praktiziert halte ich es für eine Verschwendung wertvoller Unterrichtszeit. Nichtsdestoweniger ist das hierbei notwendige Orientieren auf dem Blatt bzw. in dem Heft als gelegentliche Übung nicht zu unterschätzen. Gerade

Erstklässlerinnen fällt es oft noch schwer, das Gehörte mit dem Geschriebenen abzugleichen.
Außerdem können Sie die Kinder dazu auffordern, die Kontrolle in Partnerarbeit durchzuführen, wenn sie sich durch das Verbalisieren der möglichen Fehler wiederum einen Lernfortschritt erhoffen.

Kontrolle der Arbeitsergebnisse

Nachdem die Kinder in einer Arbeitsphase eine Aufgabe erfüllt haben, müssen sie es lernen, selbstständig dafür zu sorgen, dass ihre Arbeit kontrolliert wird. Dies kann in den ersten Wochen sofort durch die Lehrerin geschehen.

„Ich-bin-fertig"-Schild

Eine Variante, Kinder davon abzuhalten, mit ihrem Arbeitsergebnis voller Stolz direkt zu Ihnen zu laufen, ist das von Montessori entwickelte „Ich-bin-fertig"-Schild. Entweder heftet das Kind in diesem Fall seine Namensklammer an eine größere Karte dieser Art, meldet sich dadurch von der Aufgabe ab und kann sich daraufhin eine Zusatzaufgabe suchen oder eine Spielzeit anschließen. Oder Sie fertigen diese Karten für jedes Kind mit Namen an, so dass diese Karte für die Lehrerin sichtbar auf dem Arbeitsplatz der Schülerin abgelegt werden kann. Der Lehrerin bleibt bei dieser Methode ein zeitlicher Spielraum der durchzuführenden Kontrolle.

Bei zu hohem Arbeitsaufkommen eine zentrale Sammelstelle für das Material einführen

Wird das Arbeitsvolumen im Laufe des ersten Schuljahres jedoch größer, bietet sich eine „Sammelstelle" für das bearbeitete Material an, weil die Durchsicht und Kontrolle zu viel Zeit beansprucht. Zeit, die sie für Kinder mit Schwierigkeiten verschiedener Art definitiv benötigen. Bedenken Sie auch, dass es immer wieder Aufgaben gibt - z. B. das Auslegen eines Silben-Dominos, die sofort kontrolliert werden müssen.
Ich bevorzuge nun eine Kiste, die auf unserem runden Teppich liegt und in die fertiggestellte Arbeiten mit Namen (!) abgegeben werden müssen. Von mir kontrollierte Arbeiten landen in einer farblich unterschiedlichen Kiste und müssen von dem Verteildienst ausgegeben werden. Ist die Arbeit von mir unterschrieben oder gestempelt, bedeutet dies, dass sie abgeheftet werden kann. Fehlen Unterschrift oder Stempel, müssen die Schülerinnen nach Fehlern suchen, die von mir durch Punkte gekennzeichnet wurden, und diese berichtigen. In einem Heft kennzeichne ich die fehlerhafte Seite zusätzlich durch einen selbstklebenden Zettel. Im Gegensatz zu einer Berichtigung durch die Lehrerin, kann die Schülerin bei der eigenen Berichtigung etwas dazulernen.

Selbstkontrolle

Eine weitere Möglichkeit ist die Selbstkontrolle. Bei Arbeitsblättern lege ich grundsätzlich ein von mir mit der Farbe Rot ausgefülltes Kontrollblatt (mit dem aufgemalten Symbol eines Auges als Signal „Schau genau!") zu der Aufgabe. Sind sich die Schülerinnen bei der selbstständigen Bearbeitung unsicher, haben sie die Möglichkeit, sich selbst zu helfen und einen Blick auf das Blatt zu werfen. Um reines Abschreiben zu vermeiden, darf dieses Kontrollblatt nicht mit zum Arbeitstisch mitgenommen werden.
Bei vielen Aufgaben ist die endgültige, ernsthafte Selbstkontrolle durch die Schülerin als sofortige Rückmeldung sinnvoll. Die Kinder dürfen abschließend einen Stempel unter ihre Arbeit setzen. Schreibaufgaben jedoch kontrolliere ich aus dem Grund anfangs oft selbst, um Unsicherheiten bei der Schreibweise der Buchstaben feststellen und darauf reagieren zu können.

4.7 Tagesplan

Nachdem sich die Schülerinnen an die Einrichtung der „Arbeitszeit“ gewöhnt haben und dazu in der Lage sind, mindestens zwei bis drei Mal an einem Tag ca. 20 Minuten am Stück zu arbeiten, kann man über die Einführung des Tagesplans nachdenken. Außerdem sollten die Kinder so weit in ihrem Symbolverständnis gefestigt sein, dass sie mit einer mehrteiligen, schriftlichen Arbeitsanweisung umgehen können. Ein Tagesplan, bei dem die Hälfte der Kinder nach einer bewältigten Aufgabe nach vorne kommt und fragt: „Und was soll ich jetzt machen?“, ist kein wirklicher Tagesplan.
Machen Sie sich bewusst, dass das Arbeiten mit dem Tages- oder Wochenplan vor allem darauf abzielt, dass die Schülerinnen Eigenaktivität, Mitorganisation und Selbstständigkeit erlernen. Es ist ein enorme Aufgabe für die fünf- bis siebenjährigen Kinder, Anforderungen, die an sie gestellt werden, zu erfüllen und dabei eine eigene Arbeitsstruktur zu entwickeln. Vor allem vor dem Hintergrund, dass ihre Zeiteinteilung im Kindergarten und auch zu Hause zum größten Teil frei und spielbestimmt war.
Um nicht die schlimmsten Befürchtungen hinsichtlich des „Ernstes der Schule“ wahr werden zu lassen, sind die Aufgaben, die jetzt an Sie als Lehrerin gestellt werden, ebenfalls sehr hoch. Die erste Anforderung ist evtl. die, dass Sie Ihre Erwartungen herunterschrauben. Die Devise darf nicht lauten: „Prima, jetzt ziehe ich den Stoff mal so richtig durch.“ Sie werfen alle Ihre Ideen für den Tagesplan in eine Waagschale und suchen die optimale Mischung, die ruhige Arbeitselemente, aber auch Bewegung und Spiel beinhaltet.

Tagesplan gilt nur für Ihre Stunden am Tag in der Klasse

Wie unterscheidet sich der Tagesplan von der oben beschriebenen Tagesplanung? Die Tagesplanung gibt einen Abriss über alle Stunden des Tages; von Sport über Frühstück, erste Pause, Mathematik, ... Der Tagesplan ist dabei nur der Ausschnitt dieses Gesamttages, den Sie in dieser Klasse verbringen. Zum Beispiel hat man an einem Tag in seiner ersten Klasse drei Stunden hintereinander, die man sich inhaltlich möglichst offenhält, um flexibel zu bleiben. Natürlich sollte man dabei die Stundentafel für die erste Klasse im Auge behalten, sodass Sie bei eventuellen Nachfragen die sechs Deutschstunden, zwei Sachunterrichtsstunden etc. innerhalb der Woche nachweisen können (wenn es darauf ankommt, ist das Klassenbuch auch geduldig). In der Realität ist eine eindeutige Zuordnung jedoch nicht immer möglich. Sticken die Kinder z. B. nach einem Waldspaziergang mit Erkundung der Bäume in einer Folgestunde die Umrisse eines Ahorn- oder Buchenblattes, ist das Kunstunterricht (genauer: Textilunterricht) mit sachunterrichtlicher Ausprägung.

Tagesplan ermöglicht projektorientierten Unterricht

In meinen Augen beinhaltet gerade dieser projektorientierte Unterricht eine kaum zu überbietende Qualität des Unterrichts. Hier macht das Lernen Sinn, ist nicht künstlich und isoliert. Hier „saugen“ die Schülerinnen das Wissen förmlich auf und bringen es in ihrer Erinnerung immer wieder in Zusammenhänge. Überlegen Sie mal, an welche Lernsituationen in Ihrer Grundschulzeit Sie sich spontan erinnern?

Beispielhafter Tagesplan

Unter Berücksichtigung dieser Chancen von Unterricht könnten Ihre drei Tagesplan-Stunden zum Beispiel-Thema „Drachen“ folgendermaßen vorbereitet werden:

1. gemeinsamer Einstieg zum Thema „Drachen“ im Sitzkreis (L. liest Geschichte vor, Kinder erzählen ihre Erfahrungen , die sie beim Steigenlassen von Drachen gemacht haben);
2. L. erarbeitet mit Schülerinnen den Bau eines einfachen Drachens (vorbereitete Teile liegen auf dem Zeigeteppich);
3. nachdem die Kinder wieder auf ihren Plätzen sitzen, wird der „Tagesplan“ an der Tafel (rechte innere Tafelseite) besprochen:

„Umformulierung“ des Tagesplans für die Schüler

<u>Tagesplan</u>:

1. Anleitung zum Bau eines Drachens in der richtigen Reihenfolge aufkleben (Bild von Arbeitsblatt, Schere und Klebestift an der Tafel);
2. Drachen bauen (Bild von Drachen, Schere und Klebstoff);
3. den Drachen zusammen mit einem Partner, einer Partnerin steigen lassen (Bild von zwei Strichmännchen mit Drachen);
4. „Auswertung“ und Aufzeichnung des Drachenfluges in der Tagebuch-Kladde (Bild von Arbeitsblatt und Stift).

Jetzt gilt es noch zu bedenken, an welcher Stelle differenziert werden kann und muss. Die Bauanleitung könnte von einigen Schülerinnen evtl. schon mit Wörtern oder kurzen Sätzen ausgeschmückt werden. Schwächere Schülerinnen benötigen vielleicht die Orientierung an einem fertigen Kontrollblatt.

Berücksichtigen Sie, dass Schritt drei des Tagesplans unterschiedlich schnell erreicht wird. Finden Sie ein relativ reibungsloses System der Partnerwahl, ohne dass ein weniger beliebtes Kind ausgeschlossen wird. Zeichnen Sie z. B. einen Drachen an die Tafel, in dessen Schwanz-Schleifen sich jeweils zwei Kinder mit gelösten Aufgaben als Paar mit Namen eintragen dürfen.

Das Festhalten des Erlebnisses in der Tagebuch-Kladde rundet den Tagesplan insofern ab, als dass das „Arbeitsergebnis“ gewürdigt wird. Außerdem gibt es hier wiederum die Möglichkeit zum freien, lauttreuen Schreiben.

Wichtig ist zum Ende des Tagesplans, dass Sie eine gemeinsame Phase mit einplanen, in der die Kinder von ihren Erlebnissen, Schwierigkeiten, Entdeckungen, ... berichten können.

4.8 Wochenplan

Variante 1

Nach einigen Wochen der weiteren Orientierung und Vermittlung der wichtigsten Arbeitstechniken und -regeln, führe ich über den Tagesplan den Wochenplan ein. Hierfür eignet sich eine größere Pinnwand, an der waagerecht die Namen der Schülerinnen angeheftet werden. Links besteht dann die Möglichkeit, die Aufgaben auf kleinen beschrifteten Kärtchen senkrecht untereinander anzubringen (z. B. Aufgabe 1: Fibel Seite 26 lesen, Aufgabe 2: Buchstabenheft Seite 20, Aufgabe 3: Arbeitsblatt etc). Natürlich muss man die Aufgaben für die Erstklässlerinnen mit einfachen, den Kindern bekannten Symbolen übersetzen.

Auch beim Wochenplan verabredete Symbole nutzen

Nun wird mit weißen und roten Stecknadeln gearbeitet. Die weißen Nadeln

werden zunächst bei jedem Kind für die Aufgaben gesteckt, die es innerhalb der Woche zu erledigen hat (weiße Nadel = die Aufgabe muss bearbeitet werden). Jede weiße Nadel darf dann in eine rote Nadel umgetauscht werden, wenn die Aufgabe als fehlerfrei von der Lehrerin kontrolliert wurde. So behält man die Übersicht, welches Kind welche Aufgabe bereits vollständig (Fehler wurden verbessert) bearbeitet hat.
Bestehen einige Aufgaben des Wochenplanes aus Arbeitsblättern oder Lernspielen, bietet es sich an, diese für eine einfachere Übersicht in Plastikschübe zu legen, die mit der gleichen Nummer der Aufgabe beschriftet sind.

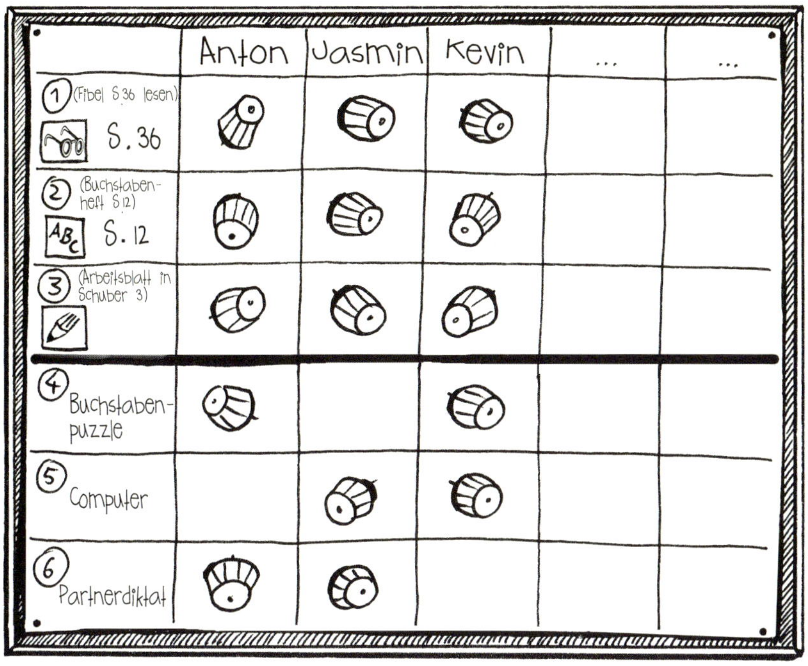

Wochenplan Variante 1

Bei der Auswahl der Aufgaben besteht für die Lehrerin die Möglichkeit, unterschiedlich zu differenzieren. Grundsätzlich kann man die Aufgaben in Pflichtaufgaben (von allen Kindern zu erfüllende Aufgaben) und Wahlaufgaben (Zusatzangebot) unterteilen und dadurch eine quantitative Differenzierung schaffen. Damit die Schüler Pflichtaufgaben und Wahlaufgaben leicht unterscheiden können, schreibe ich sie mit zwei unterschiedlichen Farben (Pflichtaufgaben rot, Wahlaufgaben grün).
Qualitativ kann man bei diesem Wochenplan insofern differenzieren, als dass nicht jedes Kind jede Pflichtaufgabe bearbeiten muss. Konkret bedeutet dies: Am Anfang der Woche haben die Schülerinnen bei verschiedenen Pflichtaufgaben weiße Nadeln.

Zusatzaufgaben

Da der Zeitbedarf auch bei der *qualitativen* Differenzierung nicht genau vorausgesagt werden kann, können zusätzliche Arbeitshefte (Langzeitaufgabe) angeschafft werden (zum Beispiel ein Heft zum Sinn entnehmenden Lesen oder ein Rechenheft mit allein zu bewältigenden Aufgaben).

Variante 2

Schätzen Sie Ihre erste Klasse so ein, dass die meisten Kinder von diesem Tabellen-System überfordert sein könnten, können Sie auch mit einer einfacheren Wochenplan-Variante arbeiten. Hierfür benötigen Sie z. B. kleinere Kork-Quadrate in der Anzahl Ihrer Kinder. Jedes Kork-Quadrat wird an übersichtlicher Stelle mit dem Namen eines Kindes aufgehängt.

Anders als bei der oben beschriebenen Variante, die mit weißen und roten Stecknadeln arbeitet, erhält hier jede Aufgabe des Planes eine andere Farbe. Das heißt, dass einem schnell arbeitenden Kind beispielsweise Stecknadeln mit den Farben rot, blau, gelb, grün und weiß in seinem Quadrat zugeteilt werden. Ein schwächeres und/oder langsameres Kind erhält z. B. nur Stecknadeln der Farben blau, gelb und grün. Hier kann also auch sowohl qualitativ als auch quantitativ differenziert werden. Um den Überblick zu behalten, welches Kind wie weit ist, müssen die Kinder die Stecknadeln kontrollierter Aufgaben auf einen bestimmten, gekennzeichneten Abschnitt des Quadrates umstecken.

Als weitere Hilfe für jede Aufgabe des Wochenplans kann man eine „Expertin" bestimmen. Diesem Kind wird zu Beginn des Wochenplans eine Aufgabe genau erklärt, bis es sich dazu in der Lage fühlt, sein Wissen bei Nachfragen an andere Kinder weiterzugeben.

Unbearbeitete Aufgaben nachholen lassen

Fehlen einem Kind am Ende der für den Wochenplan vorgesehenen Zeit Pflichtaufgaben, wähle ich, je nach meiner Einschätzung einer möglichen fehlenden Mitarbeit des Kindes, eine oder mehrere Aufgaben aus, die zu Hause zu beenden sind. Die Regel, dass den Kindern zugeteilte Pflichtaufgaben in der Woche zu bearbeiten sind, ist vorher mit den Schülerinnen abgesprochen.

Es ist immer wieder interessant, die freie, selbstbestimmte Arbeitseinteilung der Kinder zu beobachten. Einige Erstklässler sind anfangs vollkommen mit dieser Methode überfordert, weil sie es gewöhnt sind, Anweisungen nur für eine kurze Zeitdauer zu bekommen. Außerdem benötigen manche Kinder die permanente Erinnerung dranzubleiben, wahrscheinlich ähnlich, wie sie es von zu Hause kennen (Mutter und Vater räumen nach zermürbenden Aufforderungswiederholungen selbst das Kinderzimmer auf, um ihre Ruhe zu haben). Deshalb halte ich die zusätzliche Hausaufgabe in Maßen als direkte Rückmeldung für verplemperte Zeit für sinnvoll.

Anzahl der im Wochenplan erledigten Aufgaben notieren

Machen Sie sich außerdem die Mühe, die Menge der von den Kindern im Wochenplan erledigten Aufgaben jedes Mal schriftlich festzuhalten. So können Sie die Rückmeldung an die Eltern am Elternsprechtag konkret untermauern.

Konkurrenzverhalten vermeiden

Bei dieser offenen Form der Wochenplanarbeit an der Steckwand muss die Lehrerin achtsam bleiben, ob sich unter den Schülerinnen ein Konkurrenzverhalten in dem Sinne entwickelt, welches Kind am Ende der Woche die meisten roten Nadeln hat. Außerdem kann es für schwächere, langsame Kinder sehr demotivierend wirken, wenn ihr vergleichsweise schlechtes Abschneiden bei dieser Art der öffentlichen Präsentation immer wieder zur Schau gestellt wird. Sollte dies der Fall sein, bietet es sich an, jeder Schülerin einen differenzierten Wochenplan in schriftlicher Form zu verteilen.

4.9 Hilfestellungsmöglichkeiten

Wie oben beschrieben, haben die Schülerinnen die Möglichkeit, kurze Denkblockaden durch einen Blick auf das Kontrollblatt selbst zu beheben.

„Ich-brauche-Hilfe"-Schild

Oft reicht diese Art von Hilfe jedoch nicht aus. Neben dem oben beschriebenen „Ich-bin-fertig"-Schild" gibt es auch das „Ich-brauche-Hilfe"-Schild. So kann ein Kind an das neben dem „Ich-bin-fertig"-Schild angebrachte „Ich-brauche-Hilfe"-Schild seine Namensklammer heften. Die Klammern werden immer im Uhrzeigersinn fortlaufend an dem Schild befestigt. Von Vorteil ist hierbei wieder, dass die Lehrerin Zeit hat, einem Kind eine Sache ohne störende Unterbrechungen zu Ende zu erklären. Außerdem kann man die zeitliche Reihenfolge der gestellten Hilferufe einhalten, weil das erste Kind mit einer Frage auch an erster Stelle hängt.

Helferkinder

Auf der anderen Seite sollte man nie den Wert der Erklärungen von Kind zu Kind unterschätzen. Oft fällt es einem Gleichaltrigen viel leichter, sich auf die Ebene des anderen Kindes zu begeben und somit auch dessen Schwierigkeiten besser nachzuvollziehen und mit anderen, einfacheren Wörtern verständlicher zu erklären. Lassen Sie Schülerinnen, die ihre Pflichtaufgaben bearbeitet haben, zwischen einer Zusatzaufgabe oder dem ehrenvollen Auftrag, ein „Helferkind“ zu sein, wählen. In den meisten Fällen profitieren beide Seiten davon. Dem einen Kind wird geholfen, das andere Kind wiederholt den bearbeiteten Lernstoff mit eigenen Worten, wodurch dieser wiederum gefestigt und das Verbalisieren von Sachverhalten trainiert wird.

Aufgabenexpertinnen

Ähnlich funktioniert das Prinzip, wenn man als Lehrerin z. B. in der Wochenplan-Arbeit einige Kinder für bestimmte Aufgaben als „Expertinnen“ ausbildet. Diese Kinder können dann gezielt angesprochen werden, falls eine Schülerin bei dieser Aufgabe Nachfragen hat. Damit diese Expertinnen allerdings auch die Möglichkeit zum ungestörten Arbeiten haben, sollten Sie eingreifen und eine Aufgabe nochmals vor der ganzen Klasse erläutern, wenn sich die Fragen häufen.

4.10 Morgenkreis

Falls Sie das Glück haben, an einer vollen Halbtagsschule mit einer offenen Anfangsphase zu unterrichten, ist es eine schöne Möglichkeit, den Schultag nach dieser Freiarbeitsphase mit einem gemeinsamen Morgenkreis zu beginnen. Hier bleibt auch ausreichend Zeit, die Erstklässlerinnen zunächst immer zählen zu lassen, wie viele Kinder an diesem Tag da sind, wie viele also evtl. fehlen (angewandter Mathematikunterricht).

An einer verlässlichen Grundschule fehlt leider häufig die Zeit für solche täglichen Rituale. Deswegen findet in unserer ersten Klasse der Morgenkreis nur einmal am Anfang der Woche statt.

Morgenkreisleiterin

Nachdem ich das Schild für den Stuhlkreis an die Tafel gehängt habe, versammeln sich alle Kinder vor der Tafel im Kreis. Eine Schülerin wird nun zur „Morgenkreisleiterin“ bestimmt. Um hierbei möglichst gerecht zu sein, führe ich eine Klassenliste, in der vermerkt wird, wer dieses Amt schon innehatte.

Nun beginnt dieses Kind damit, die benötigten Utensilien aus der entsprechenden Schachtel auszupacken. Dazu gehören: ein Erzählstein, eine kleine Glocke, eine Kerze (Feuerzeug ist bis dahin in meiner Obhut), ein Erzählstab (Plastikstab mit glitzernder Flüssigfüllung) und ca. fünf kleine Plastikkreise (z. B. aus einem alten Rechenkasten).

Utensilien für den Morgenkreis

Nachdem die Morgenkreisleiterin alles ausgepackt und die Kerze angezündet hat, läutet sie die Glocke und sagt: „Ich eröffne den Morgenkreis." Anschließend werden die fünf Kreise an Kinder verteilt, die sich melden. Auch hier kommt wieder meine Übersichtsliste zum Einsatz, Kinder, die länger nicht erzählt haben, werden bevorzugt drangenommen. Außerdem ist auf ein ausgewogenes Verhältnis von Jungen und Mädchen zu achten.

Auf gerechte Verteilung der Aufgaben achten

Aufgabe der Morgenkreisleiterin ist es nun, den Erzählstein an ein Kind mit Plastikkreis zu übergeben. Das Kind legt dafür den Kreis auf dem runden Teppich in der Mitte des Stuhlkreises ab. Anschließend dreht sie den Erzählstab ähnlich einer Sanduhr um und begleitet dies mit den Worten: „Deine Erzählzeit kann beginnen!" Während die Schülerin nun ein lustiges, trauriges oder alltägliches Erlebnis berichtet, können die restlichen Kinder maximal drei Fragen stellen. Dass es sich um eine Frage an das erzählende Kind handelt, verdeutlichen sie durch das Spreizen des Mittel- und Zeigefingers beim Melden.

Ist die Zeit abgelaufen, darf das Kind noch einen letzten Satz zu Ende sprechen (Morgenkreisleiterin: „Komm bitte zum letzten Satz!"), daraufhin beendet die Morgenkreisleiterin diese Erzählzeit mit den Worten: „Deine Erzählzeit ist beendet!" und gibt den Erzählstein an ein anderes Kind weiter.

Liegt auch der letzte Plastikkreis auf dem Teppich, werden alle Utensilien sorgfältig von der Morgenkreisleiterin zurückgepackt - währenddessen ist darauf zu achten, dass es weiterhin absolut still bleibt - und der Kreis wird von ihr mit den Worten: „Ich schließe den Erzählkreis!" und einem Klingeln mit der Glocke beendet.

4.11 Hausaufgaben

Wie oben beschrieben bestimmen Sie eine Seite der Tafel als Hausaufgaben-Seite und behalten diese bei. Außerdem können Sie auf dem ersten Elternabend die verschiedenen Symbole erläutern, die Sie für Ihre Materialien verwenden (z. B. = Fibel, = Deutsch-Arbeitsblatt). Falls Sie sich für ein Hausaufgabenheft mit Wochenübersicht entschieden haben, bitten Sie die Eltern, das Heft vorzubereiten, indem die einzelnen Wochen mit den Daten beschriftet werden. Damit die Erstklässlerinnen die aktuell zu beschriftende Seite schneller wiederfinden können, ist eine am Rand des Heftes befestigte Büroklammer hilfreich. Allein das an der Tafel stehende Tages-Datum zuzuordnen, überfordert noch viele Kinder.

Hausaufgaben, differenzierte

Überlegen Sie bei der Aufgabenstellung immer, ob jedes Kind dazu in der Lage ist, diese Hausaufgabe allein zu bewältigen. Differenzieren Sie evtl. so, dass Sie schwierigere Teile von Hausaufgaben mit einem Stern kennzeichnen und den Schülerinnen die Wahl überlassen, ob sie diese Aufgabe bearbeiten. Die Eltern sehen diese freiwillige Entscheidungsmöglichkeit oft nicht gern und fordern die Kinder auf, alles zu bearbeiten. Sie haben Angst, dass ihr Kind einen wichtigen Lernzuwachs verpassen könnte. Die persönliche Entscheidung des Kindes wird dabei übergangen und erzeugt beim Kind vielleicht das Gefühl von eigener Unwichtigkeit („interessiert ja sowieso niemanden, was ich möchte"). Auch aus diesem Grund bietet es sich an, die Hausaufgabe individuell im Heft durch einen farbigen Strich an der Seite zu kennzeichnen, sodass Eltern der Vergleich mit anderen Kindern nicht möglich ist.

Um die Lesemotivation in Gang zu bringen, können die Kinder z. B. zu Hause „Leseblumen" sammeln und als Belohnung für zehn Blumen (Eltern tragen in vorgezeichnete Blume Datum und Art des Gelesenen ein) eine Tier-Postkarte erhalten (siehe Seite 60). Aber auch hier gilt, dieses Belohnungs-System nicht überzustrapazieren, denn der eigentliche Leser liest aus eigenem Antrieb.

Leseblumen

4.12 Einsatzmöglichkeiten der Klassenfigur

Neben einer größeren Identifikation mit der neuen Klasse lässt sich diese Figur vielfältig im Unterricht einsetzen: Sie kann als Kuscheltier Trost spenden. Außerdem lieben die Kinder das Rollenspiel mit dieser Figur als Handpuppe, die z. B. gelegentlich den Unterricht durch „Quatsch-Einlagen" aufmischt oder ihre eigenen Defizite beim Lernen der Buchstaben und Zahlen offenbart.

Klassenfigur als Adressat für Schülerbriefe

Weiterhin kann sich mit zunehmendem Schreibvermögen der Schülerinnen ein Briefwechsel mit der Klassenfigur entwickeln. Damit die Kinder ihre Briefe der Klassenfigur zukommen lassen können, befindet sich ein aus einem Schuhkarton gestalteter Briefkasten im Klassenraum. Für die Rückantworten besitzt jeder Schüler, jede Schülerin einen eigenen „Briefkasten", der aus einem an der Wand aufgeklebten Din A 5 Pappumschlag mit Namen des Kindes einfach herzustellen ist. Bedenken Sie aber, worauf Sie sich hier einlassen. Vor lauter Begeisterung der Schülerinnen darüber, tatsächlich Briefe zu bekommen, verlassen Sie den Klassenraum an manchen Tagen mit ca. zehn Briefen, die beantwortet werden müssen. Übrigens sammle ich all diese Post, um den Kindern dann an ihrem letzten Grundschultag ein sehr persönliches Abschiedsgeschenk aus all ihren liebevollen Briefen überreichen zu können.

Klassenfigur als Unterstützung

Eine große Bedeutung für die Kinder hat das Verlosen der Handpuppe. Freitags wird unter „Trommelwirbel" ein Name des Kindes gezogen, das die Handpuppe über das Wochenende mit nach Hause nehmen darf. Gerade schüchternen Kindern fällt es dann am Montag im Morgenkreis leichter, mithilfe dieser Figur von ihren Erlebnissen am Wochenende zu berichten.

4.13 Spiele zum Krafttanken

Neuere Studien haben festgestellt, dass sich Kinder in der Grundschule in der Regel nicht länger als 20 Minuten konzentrieren können: „Wer seinen Schülern nach spätestens 20 Minuten konzentrierten Lernens eine Pause gönnt, in der bei offenem Fenster gehopst werden darf, der erhöht die Effektivität und bringt neuen Schwung ins Lernen." (Focus Schule Nr. 2 März/April 2007, S. 13)

Die unkomplizierteste Art der körperlichen Bewegung ist die „Sausepause". In dieser Sausepause dürfen alle Kinder, die mit ihren Arbeiten fertig sind, über den Schulhof laufen. Der Weg, den die Kinder hier auf dem Schulhof zurücklegen dürfen, ist anfangs genau abgesprochen worden. Für die Lehrerin ist diese Pause insofern sinnvoll, als dass nach Beendigung einer Arbeitsphase eine kurze Zeit der neuen Vorbereitung für das nächste Thema bleibt.

Varianten zur Sausepause sind kurze Bewegungs- oder auch Stille-Spiele. Am Anfang eines neuen ersten Schuljahres war ich immer höchst motiviert, etliche, verschiedene Spiele anzubieten. Im Alltag habe ich dann immer wieder festgestellt, dass ich meist dieselben, maximal zehn Varianten bevorzuge. Einmal aus dem Grund, dass ich sie spontan aus dem Ärmel zaubern kann, ohne große Vorbereitung oder Vorlagen zu benötigen. Zum anderen, weil ich bei den Kindern immer wieder eine ähnliche Begeisterung für diese Spiele feststellen konnte.
Als Erinnerungsstütze für mich und als Auswahlmöglichkeit für die Schülerinnen hängen diese Vorschläge in unserem Klassenraum auf laminierten Karten unter der Tafel aus. Diese Spielanleitungen sind im Anhang ab Seite 50 zu finden.

4.14 Geburtstage feiern

Bücher oder Spiele für die Klasse anstatt Süßigkeiten

Wahrscheinlich kennen auch Sie Kindergeburtstage, die mit einer Unmenge von Süßigkeiten gefeiert werden. Hat man gerade mit Eltern und Schulkindern lang und breit über die Vorzüge eines gesunden Frühstücks gesprochen, ist es widersinnig, wenn am selben Tag dicke Süßigkeiten-Pakete verteilt werden. Vielleicht können Sie den Eltern Ihrer Klasse den Vorschlag unterbreiten, dass statt dieser Pakete ein Buch oder Spiel von dem Geburtstagskind für die Klasse mitgebracht wird. Hilfreich ist dann eine von Ihnen angefertigte Liste mit passenden Vorschlägen. Diese Liste wandert von Kind zu Kind, um Doppelkäufe zu vermeiden. Eine andere Variante ist ein „Geburtstags-Korb“, der von Ihnen in einem zentral gelegenen Spielzeugladen „pädagogisch wertvoll“ mit unterschiedlich teuren Spielen oder Büchern gefüllt wird. Die Eltern können dann zusammen mit ihrem Kind ein Geschenk für die Klasse aussuchen.

Geburtstagsritual

In der Klasse praktizieren wir folgendes Geburtstagsritual: Im Stuhlkreis bekommt das Geburtstagskind eine Kette aus Holzkugeln umgehängt. Jede Kugel dieser Kette wurde von einer Schülerin der Klasse kreativ gestaltet. In der Mitte auf dem Teppich befindet sich eine Kiste mit kleinen Geschenken (Radiergummi, Geschicklichkeitsspiele, ...), eine kleinere Kiste mit Glassteinen, Postkarten in der Anzahl der Lebensjahre des Geburtstagskindes und eine Kerze.
Nachdem nun die Kerze angezündet wurde, darf das Kind von den bisherigen Erlebnissen des Tages berichten und ein Geburtstagslied auswählen (alternativ: für jedes Lebensjahr macht die Klasse eine „Geburtstagsrakete“ unter lautem Einsatz der Hände und Füße). Des Weiteren sucht es eine der Postkarten, ein Geschenk und einen Glücksstein (bunter Glasstein) für das kommende Jahr aus.
Vielleicht machen Sie sich auch die Mühe und lassen sich von den Eltern einen kurzen Abriss über den bisherigen Lebenslauf ihres Kindes anfertigen (z. B. „Mit einem Jahr hat Lisa ganz oft Bauchschmerzen gehabt und am Daumen genuckelt. Mit zwei Jahren hat Lisa Laufen gelernt, ...“). Während das Geburtstagskind dann eine in der Mitte liegende Sonne aus Pappe umwandert (ein Lebensjahr = eine Runde), liest die Lehrerin parallel die entsprechenden Ereignisse vor. Aus lauter Freude auf diese Art im Mittelpunkt zu stehen, strahlen dabei viele Kinder über beide Ohren.

Im ersten Schuljahr wird die Postkarte zunächst von der Lehrkraft oder einem Kind mit einem kurzen Glückwunsch versehen und später von allen Kindern der Klasse unterschrieben. Wenn die Schülerinnen etwas älter sind, bietet sich eine ausführlichere Gestaltung der Karte an. Ich habe sehr schöne Erfahrungen damit gemacht, dass für das jeweilige Geburtstagskind im Klassenverband persönliche Formulierungen über dessen Stärken gefunden werden. Beispiel: „Lieber Joscha! Alles Gute zu deinem Geburtstag. Du bist immer sehr freundlich und lustig. Außerdem kannst du gut malen ...". Während solche Sätze von anderen Kindern formuliert werden, kann man das Geburtstagskind auf seinem Stuhl förmlich wachsen sehen. Erstaunlich ist außerdem, wie gut die Klassenkameradinnen diese Stärken tatsächlich einschätzen und ausdrücken können. Und das Schönste ist: Sie finden für alle Kinder positive Sätze. Auch wenn man sich angesichts der Erwartungen an die Schülerinnen häufig selbst unter Zeitdruck stellt, sollte man sich die Zeit für dieses Geburtstagsritual auch als praktischen Deutsch-Unterricht nehmen. Im Vergleich zu anderen Übungen im Bereich „Texte verfassen", bleibt nach meiner Erfahrung bei dieser Art des persönlichen Textverfassens viel mehr hängen. So weisen die Schülerinnen beim Formulieren der Karte ohne Aufforderung z. B. darauf hin, dass sich der Text mit gleichen Satzanfängen nicht wirklich gut anhört.

Glückwunschkarte von der Klasse an das Geburtstagskind

Geburtstagsritual bietet die Möglichkeit des praktischen Deutsch-Unterrichts

Das Abschluss-Ritual ist das Auspusten der Kerze durch das Geburtstagskind. Während der Rauch noch im Raum zu sehen ist, sprechen wir von der „Wunschzeit". Um deren Symbolik zu unterstreichen, haben sich vorher alle an den Händen gefasst und dürfen während dieser Zeit nicht reden.
Nun kann die Geburtstagsfeier beendet werden oder man schließt ein gemeinsames Spiel an. Ich habe im Laufe der Zeit eine Karteibox angelegt, in der ich bekannte, beliebte und neue Spiele sammle, sodass wir immer Ideen zur Hand haben. Es versteht sich, dass an diesem Tag das Geburtstagskind das Spiel auswählen darf.

4.15 Verabschiedungsrituale

Nehmen Sie sich am Ende eines Tages möglichst immer die Zeit für eine gemeinsame Verabschiedung, die das Gemeinschaftsgefühl und ein Gefühl der Geborgenheit stärkt. Treffen Sie sich mit den Schülerinnen (nachdem aufgeräumt worden ist) zum Stehkreis um den runden Teppich herum. Um die Kinder zunächst zur Ruhe zu bringen, und falls noch genügend Zeit bleibt, bitten Sie alle Kinder, sich an den Händen anzufassen und schicken dann einen Abschiedsgruß durch einen kurzen Händedruck, der an einer Seite kettenähnlich an ein vorher bestimmtes Kind weitergegeben wird, das den Erhalt des Grußes durch die Meldung „Angekommen!" bestätigt. Dieses Ritual muss natürlich nicht von Ihnen, sondern kann auch von einem Kind ausgehen.
Anschließend bietet sich das Aufsagen eines gemeinsamen Spruches an:
„Es rasen die Minuten, drum müssen wir uns sputen. Doch halt, bevor wir auseinandergehen, sagen (wahlweise: schreien, flüstern, ...) wir: „Auf Wiedersehen!"
Sehr schön ist auch der von einem jungen Kollegen übernommene Sprechgesang, bei dem im Stehen im Takt mit den Händen auf die Oberschenkel geklatscht wird und die Bewegungen mitgespielt werden:

„Also tschüss, auf Wiedersehen,
es war wieder mal sehr schön,
doch leider müssen wir jetzt auseinandergehen.
Unsere Zeit ist nun zu Ende,
darum nehmen wir die Hände.
Machen „schnips", „klatsch", „patsch"
Und auf Wiedersehen!"

Kleine Gesten – große Wirkung

An besonderen Tagen, zum Beispiel vor Ferien oder vor dem Wochenende, verabschiede ich die Kinder auch an der Tür mit Handschlag.

4.16 Sitzordnung und Soziogramm

Durch Tausch der Sitznachbarn neue Beziehungen anbahnen

Ich habe gute Erfahrungen damit gemacht, ca. alle zwei Monate die Sitzordnung zu ändern. Und zwar darf dann jedes Kind drei Kinder nennen, neben denen es gern sitzen möchte. Bei der Festlegung der Sitzplätze achte ich darauf, dass jedes Kind zumindest neben einem seiner Wunschpartner sitzt. Als vorteilhaft sehe ich, dass durch den häufigen Wechsel neue Beziehungen vertieft werden können und Kinder, die neben einem eher unruhigen Kind sitzen, dieses nicht das ganze Schuljahr ertragen müssen.

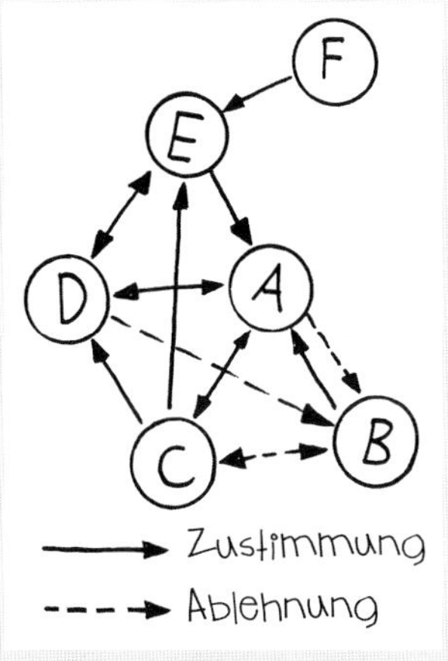

Beispiel-Soziogramm

Das Erstellen eines Soziogrammes (die graphische Darstellung der Beziehungen in einer Gruppe) ist nun sehr einfach, weil ich die Häufigkeit der jeweiligen Nennungen anhand einer Strichliste zähle. Schülerinnen, die gar nicht oder nur selten gewählt wurden, beobachte ich in ihrer sozialen Integration genauer und halte vor allem dann Rücksprache mit den Eltern, wenn sich diese Form des Ausschließens häufiger wiederholt.

Ohne dem Kind zu nahe zu treten, bietet sich auch eine allgemein im „Klassenrat" gestellte Frage an, wer sich z. B. für die Pause mehr „Spielfreunde" wünscht. Gerade während der Grundschulzeit sind die Kinder allerdings sehr häufig noch auf das Engagement der Eltern angewiesen, die durch die Unterstützung nachmittäglicher Verabredungen die Integration ihres Kindes fördern können.

5. Anfang des Schuljahres: Bestandsaufnahme

Am Anfang des ersten Schuljahres halte ich eine ausführliche Beobachtung und Feststellung des Ist-Standes jedes Kindes für sehr wichtig. Leider ist der Zeitdruck an Grundschulen durch die Abschaffung der Orientierungsstufe sehr groß geworden, sodass man als Lehrerin oft Bauchschmerzen bekommt, wenn man sich diese Zeit für Beobachtungen nimmt. Im Nacken drückt ein vollgestopfter Lehrplan, um die Schülerinnen am Ende des vierten Schuljahres mit einem ruhigen Gefühl abgeben zu können.

Doch ist dieses ruhige Gewissen trügerisch, weil allein eine innere Lehrkompetenz zu urteilen vermag, ob ein Thema ausreichend bearbeitet worden ist. Der Lehrplan schreibt zwar vor, aber Selbstbetrug verbunden mit einem Durchhetzen durch diesen Plan ist auch immer Betrug an der Schülerin.

Lernausgangslage

Wie aber beobachte ich nun jedes Kind einer ersten Klasse im Klassenverband? Die meisten von uns sind nicht in der luxuriösen Lage, einige Stunden im Team zu unterrichten. Und in der Realität sieht es dann so aus, dass man ständig mit so vielen anderen Dingen beschäftigt ist, dass die Muße für eine Beobachtung des einzelnen Kindes kaum bleibt.

15 Minuten pro Kind in Stillarbeitsphasen nutzen

Deshalb plädiere ich für ca. 15 Minuten, die man sich einzeln mit jedem Kind beschäftigt, idealerweise außerhalb des Klassenverbandes. Ich hole mir zum Beispiel die Kinder auf den Flur, lasse die Tür zum Klassenzimmer geöffnet, während der Rest der Klasse eine einfach zu bewältigende Aufgabe (Kunst, Spielzeit, ...) bekommt. Vielleicht kann Ihre Schule Ihrer ersten Klasse einige „Notstunden“ für die Anfangszeit zur Verfügung stellen, in denen eine Kollegin für den Rest ihrer Klasse (der garantiert doch die eine oder andere Frage oder spontanes Nasenbluten hat) da ist.

In diesen 15 Minuten beobachte ich das Kind z. B. genau beim Bearbeiten von Schwungübungen und kann so detaillierte Aussagen über Stifthaltung und feinmotorische Probleme machen.

Leitfragen bei der Überprüfung

Im Einzeltest sollten außerdem folgende Punkte geklärt werden:

- Welche Buchstaben/einfachen Wörter kann es schon schreiben? Vermutlich werden Sie Ergebnisse erhalten von dem Kind, das noch nicht dazu in der Lage ist, den eigenen Namen zu schreiben, bis hin zu dem Kind, das das Wort „Fußballstadion“ richtig schreibt.
- Können die Buchstaben/Wörter, die vor dem Kind liegen, schon erlesen werden?
- Kann das Kind auch mehrschrittige Handlungsaufträge ausführen? („Hole bitte deinen Bleistift und schreibe dann deinen Namen auf das Blatt!“)
- Wie funktioniert die akustische Analyse (gleiche und verschiedene Wortpaare und Reime erkennen)?
- Wie funktioniert die visuelle Wahrnehmung (welche beiden Figuren sind gleich?)?

Die notwendigen Tests, die Sie im Klassenverband durchführen können, sollten sie natürlich zeitsparend abwickeln.

Testverfahren „Schreiben“

Für sehr sinnvoll halte ich auch ein Testverfahren, das mit gleichem Inhalt nach bestimmten Zeiträumen wiederholt wird, um den Leistungsstand und Fortschritte der Schülerinnen zu erkennen. Wählen Sie z. B. mehrere Gegenstände aus, die sich vom rechtschreiblichen Schwierigkeitsgrad unterscheiden (Rose, Murmel, Fisch, Stern, zwei Häuser, Bär, Schildkröte). Schreibt die Schülerin das Wort „Rose“ lautgetreu, kennt sie die Besonder-

heit der Lautverbindung „St", werden die beiden Häuser bereits von dem Wort „Haus" abgeleitet, etc.? Ein einfach zu praktizierendes aber sehr informatives Testverfahren.
Vielleicht fragen Sie sich, warum dann überhaupt Schuleingangsuntersuchungen durchgeführt werden, wenn Sie selbst noch einmal jedes Kind so ausführlich überprüfen sollen. Sicherlich liefern viele Behörden gute Berichte, doch in der Realität habe ich mich schon oft über die „Kinder in Aktenform" geärgert. Also nehme ich diese schriftlichen Aussagen zur Kenntnis, versuche mir aber darüber hinaus ein eigenes Bild zu machen.
Fallen Ihnen nun bei einer Schülerin Defizite in einem oder mehreren Bereichen auf, sollte sofort mit den Eltern Kontakt aufgenommen und beratschlagt werden, wie weiter vorgegangen werden kann. In bestimmten Fällen bieten sich zunächst genauere Untersuchungen durch einen Augen-, Ohrenarzt oder sogar durch ein sozialpädiatrisches Zentrum an. Aufgrund der Ratlosigkeit vieler Eltern und Lehrerinnen sind diese Ärzte und Untersuchungszentren teilweise stark überlaufen. Trotz der Hoffnung auf Lösungsmöglichkeiten muss man vielleicht öfter hinnehmen, dass bei vielen Kindern kein Weg an einer langjährigen individuellen Förderung vorbeiführt.

Verschleierungstaktiken der Schülerinnen nicht unterschätzen

Inzwischen halte ich es für immer wichtiger, die ersten Wochen zur genauen Analyse zu nutzen, um nicht am Ende des ersten Schuljahres z. B. festzustellen, dass ein Kind zwar bis zehn zählen kann, aber keine Mengenvorstellung von der Zahl fünf hat. Bitter!!! Meist neigt man nämlich dazu, die Tricks und Verschleierungstaktiken, die schwächere Schülerinnen anwenden, um nicht negativ aufzufallen, zu unterschätzen.

6. Ende des Schuljahres: Das erste Zeugnis

Zeugnisformulierungen in die Unterrichtsplanung integrieren

Sichern Sie sich zu Beginn des Schuljahres ab, welche Zeugnisformulierungen an Ihrer Schule am Ende des ersten Jahres von Ihnen berücksichtigt werden müssen. Integrieren Sie diese unbedingt frühzeitig in Ihre Arbeit mit den Schülerinnen, um bei Rückfragen abgesichert und vor allem informiert zu sein.

Übersetzen Sie den Eltern die Formulierungen

Zeugnisformulierungen müssen möglichst positiv formuliert sein (falsches Beispiel: „Kevin kann immer noch nicht allen Buchstaben die richtigen Laute zuordnen." Besser: „Kevin kann einigen Buchstaben die richtigen Laute zuordnen."). Übersetzen Sie den Eltern allerdings unbedingt im Einzelgespräch oder auf einem gemeinsamen Elternabend, wo diese Formulierungen konkret einzuordnen sind und vor allem, welche unterstützenden Maßnahmen ihr Kind benötigt.

Durch eigenen Ordner für jeden Schüler Zeugnisse absichern

Wenn ich eine neue erste Klasse übernehme, lege ich einen Ordner mit einer „Akte" für jedes Kind an. Hier notiere ich mir mit Datum positive und negative Auffälligkeiten (z. B.: 30.01.2007 „Michael bringt sehr viel zusätzliches Material für den Sachunterricht mit."; 28.04.2007 „Malte schmeißt Julias Hausschuh in die Toilette."). Auch Elterngespräche und deren Inhalt skizziere ich hier immer kurz (z. B.: 17.05.2007 Telefonat mit Mutter, Bitte um Untersuchung durch Augenarzt). Auch diese Notizen helfen Ihnen beim späteren Formulieren der Zeugnisse und sichern Sie in schwierigen Fällen ab. So kann es z. B. gegen Ende des Schuljahres passieren, dass Eltern mit einer Zeugnisformulierung sehr kritisch umgehen. Es ist äußerst hilfreich, diese Formulierung mit Beispielen zu belegen und außerdem ein Eltern-Informationsgespräch mit Datum (und evtl. auch mit Gegenzeichnung der Inhalte des Gespräches durch die Eltern) vorweisen zu können, das diesbezüglich stattgefunden hat.

Formulierungen für das Fach Deutsch

Der Deutsch-Bereich besteht aus den beiden Teil-Bereichen Lesen und Schreiben.

Zeugnisformulierungen Lesen

Beim *Lesen* ist nach dem ersten Schuljahr die Formulierung *„XY kennt erst wenige der bisher gelernten Buchstaben und der dazugehörigen Laute"* eine der schwächsten Bewertungen. Weit über das Mindestziel hinaus beschreibt die Bemerkung das Lesevermögen einer Schülerin *„XY kann fremde Texte schon selbstständig und flüssig erlesen und dabei den Sinn entnehmen"*. Wobei das Mindestziel nach dem ersten Schuljahr schwammig ist, weil den Schülerinnen eigentlich zwei Jahre Zeit bleiben, um das Ziel des Leselehrganges zu erreichen.
Die Hierarchie innerhalb der Lese-Formulierungen geht also von Buchstaben über Wörter zu Sätzen und Texten. Außerdem kann man differenzieren zwischen *„aus dem Übungsbereich"* und *„fremden Texten"*. Des Weiteren ist die Schnelligkeit, Flüssigkeit und eventuell sogar schon die Betonung maßgeblich.
Sehr bedeutsam ist auch die Unterscheidung, ob ein Kind den Sinn des Geschriebenen selbstständig oder nur mit Hilfe entnehmen kann. Stimmen Sie am besten entsprechende Sätze und Texte aus dem Übungsbereich Ihrer Schülerinnen oder fremde Texte mit den Zeugnisformulierungen ab, nummerieren Sie diese und tragen dann in der Einzelüberprüfung diese Kürzel hinter den Namen des Kindes ein (z. B. Nr. 5: ... kann Wörter aus dem Übungsbereich mit Hilfe lesen und dabei den Sinn entnehmen). Verfügen Sie über ein Zeugnisprogramm mit Textbausteinen, ist das Schreiben der Zeugnisse erheblich übersichtlicher und einfacher.

Zeugnisformulierungen Schreiben

Beim *Schreiben* gibt es die Unterbereiche *„Übungsdiktat", „freies Schreiben", „Abschrift"* (von Tafel, Blatt oder Buch) und *„Schriftbild"*.
Folgende Bemerkungen zeigen einen Ausschnitt der Bandbreite der Leistungen im Bereich *„Übungsdiktat"*: *„XY kann einfache Wörter aus dem Lernbereich nach Ansage nur mit Hilfe richtig schreiben."*
„XY kann Sätze aus dem Lernbereich nach Ansage fehlerfrei schreiben."
Beim *„freien Schreiben"* kann man folgende Formulierungen aufsteigend verwenden: *„Beim freien Schreiben hat XY noch Schwierigkeiten beim Lautieren der Wörter." „Beim freien Schreiben kann XY die Wörter lautgetreu wiedergeben." „Beim freien Schreiben zeigt XY schon erste Einsichten in die Rechtschreibung."*
Im Bereich der *„Abschrift"* ist eine Auswahl aus folgendem Satz zu treffen: *„Sätze aus dem Übungsbereich schreibt XY mit vielen Fehlern/mit wenigen Fehlern/fehlerfrei in Druckschrift ab."*

Übungsdiktate ohne Schriftbewertung

Um die Schrift beurteilen zu können, rate ich zu der „Rund-um-Variante". Das bedeutet, dass man es tunlichst vermeiden sollte, die Kinder zusätzlich zu dem Stress bei einem Übungsdiktat noch dem Stress der gleichzeitig zu bewertenden Schönschrift auszusetzen. Feinmotorisch weniger geübte Schülerinnen, die zudem noch unter einer Lese-Schreib-Schwäche leiden, versagen unter dem doppelten Druck völlig. Nach dem ersten Schuljahr erkennt man als Lehrerin meist jede Handschrift der Schülerinnen wieder und ist somit auch umfassend dazu in der Lage, dieses Schriftbild zu beurteilen (sauberes, unruhiges, formgenaues Schriftbild, Schwierigkeiten beim Einhalten der Linien, ...).

Zeugnisformulierungen Schrift

Folgende Beurteilungen können bei der Beurteilung der Schrift hilfreich sein:
„Das Schriftbild wirkt dabei insgesamt noch sehr unruhig, weil der Bewegungsablauf einzelner Buchstaben noch nicht gefestigt ist."
„XY schreibt insgesamt eher sauber, aber das Schriftbild wirkt etwas unruhig, weil die Buchstaben nach links oder rechts geneigt sind."
„Das Schriftbild ist insgesamt flüssig, formklar und sauber."

Mathematik

Formulierungen für das Fach Mathematik

Im Fach Mathematik gibt es die Bereiche *„Zahlenraum"* (der Zahlenraum bis 20 ist Inhalt des ersten Schuljahres), *„Relationen"*, *„Sachrechenaufgaben"* und *„Zusammenhänge erkennen"*.

Zeugnisformulierungen Zahlenraum

Im Lernfeld *Zahlenraum* ist folgende Formulierung ein Beispiel für ein leistungsschwächeres Kind: *„XY rechnet im Zahlenraum bis 10 Additions- und Subtraktionsaufgaben teilweise ohne Hilfsmittel, er/sie rechnet insgesamt noch eher langsam."*
Die nächste Formulierung ist ein Beispiel für ein Kind mit ausreichender Leistung: *„XY rechnet im Zahlenraum bis 20 Additions- und Subtraktionsaufgaben ohne Übergang sicher und mit Übergang überwiegend sicher, ohne Hilfsmittel bei angemessenem Tempo."*
Der folgende Satz beschreibt eine sehr gute Leistung: *„XY rechnet im Zahlenraum bis 20 (und darüber hinaus) Additions- und Subtraktionsaufgaben mit und ohne Übergang ohne Hilfsmittel sehr sicher und zügig."*

Zeugnisformulierungen Relationen

Im Bereich der *Relationen* (kleiner, gleich, größer) sind folgende Abstufungen möglich: *„XY beherrscht die Relationen sicher und schnell/ meistens/ hat noch Schwierigkeiten."*

Zeugnisformulierungen Sachrechenaufgaben

Bei Sachrechenaufgaben ist die Formulierung folgendermaßen zu variieren: *„XY kann Sachrechenaufgaben teilweise/ meistens/ immer logisch erfassen und mathematisch umsetzen."*

Zeugnisformulierungen Erkennen von Zusammenhängen

Das *Erkennen von Zusammenhängen* kann aufsteigend folgendermaßen beurteilt werden:
„XY gelingt es selten, Zusammenhänge und Muster zu erkennen, auch das Verbalisieren fällt schwer."
„XY gelingt es, Zusammenhänge und Muster zu erkennen und diese häufiger auch zu verbalisieren."
„XY gelingt es hervorragend, Zusammenhänge und Muster zu erkennen und diese zu verbalisieren."

Diese Zeugnisbeurteilungen stellen natürlich nur einen Ausschnitt möglicher Formulierungen dar. Bei Anke Fischer und Rita Titze (Fischer/Titze 2008) finden Sie weitere ausdifferenzierte Zeugnisformulierungen zu fast allen Fächern der Primarstufe.

Anhang

Merkblatt Hausaufgaben

Hausaufgaben müssen von der Lehrerin/dem Lehrer so gestellt werden, dass sie selbstständig von den Kindern erledigt werden können. Außerdem sollte der Zeitaufwand für die Hausaufgaben in der ersten Klasse insgesamt 30 Minuten nicht überschreiten. Es kann häufiger vorkommen, dass Ihr Kind eine andere, differenzierte Hausaufgabe als seine Klassenkameraden/Klassenkameradinnen bearbeiten muss. Dies ist die logische Konsequenz aus den Forderungen des Hausaufgaben-Erlasses.
Bitte beachten Sie folgende Grundsätze für die Bearbeitung der Hausaufgaben:
1. Sorgen Sie dafür, dass Ihr Kind an einem ruhigen Ort (am besten an einem eigenen Schreibtisch) arbeiten kann.
2. Seien Sie für Ihr Kind erreichbar, wenn es eine Frage hat. Setzen Sie sich möglichst nicht neben Ihr Kind, fördern Sie seine Selbstständigkeit.
3. Wenn Ihr Kind große Schwierigkeiten bei der Bearbeitung einer Hausaufgabe hat, scheuen Sie sich nicht, mir dieses mitzuteilen (z. B. in einer kurzen schriftlichen Bemerkung auf dem Hausaufgaben-Blatt).
4. Das Gleiche gilt für den Fall, dass eine Hausaufgabe den angegebenen Zeitrahmen von 30 Minuten überschreitet. Ihr Kind muss in diesem Fall die Aufgabe nicht bis zu ihrem Ende führen. Wichtig ist allerdings, dass es in dieser Zeit konzentriert gearbeitet hat.
5. Einzelne Fehler bei einer Übungsaufgabe können Sie mit einem Punkt kennzeichnen und ihr Kind bitten, diese Aufgabe zu kontrollieren. Frei geschriebene Texte dürfen in der sogenannten „Kinderschrift“ stehen bleiben. Es bringt zu diesem Zeitpunkt nichts, wenn Sie Fehler anstreichen und ihre Berichtigung verlangen. Im Gegenteil führt das Untersuchen dieser Texte nach Rechtschreibfehlern zur Frustration bei Ihrem Kind. Handelt es sich jedoch um Wörter, die richtig abgeschrieben werden sollen, ist Ihr Eingreifen sinnvoll. Zeigt Ihr Kind beim Schreiben eines Textes von sich aus Interesse an der Rechtschreibung eines Wortes (z. B. „Schreibt man Sonne mit einem oder mit zwei n?“) signalisiert es, dass es bereits erste Einsichten in Rechtschreibregeln hat. Hier ist es sinnvoll, Tipps zu geben (Silbentrennung: „Hör mal Son-ne.“).

Auch wenn es vielleicht einige Überwindung kostet, Schwierigkeiten bei der Bearbeitung mit dem Lehrer/der Lehrerin zu besprechen, ist es der beste Weg, Ihrem Kind zu helfen. Ich bin für jede Rückmeldung dankbar und letztendlich sind die Kinder die Leidtragenden, wenn Hausaufgaben die meisten Schüler/Schülerinnen überfordern, dieses jedoch aus Sorge vor einer negativen Beurteilung nicht weitergegeben wird.

Leisespiele (nach Montessori)

Mit den Leisespielen lassen sich einige Elemente der Maria Montessori-Pädagogik in den Unterricht integrieren. Hierbei soll der starke Aufforderungscharakter des Materials die Neugier des Kindes wecken und ihm zu neuer Freude am Lernen verhelfen.

„Der Kern der Montessori-Pädagogik ist die freie Wahl. Ein frei handelndes Kind ist ein Kind, das von sich aus etwas tut, freiwillig, spontan und ohne Angst, Leistungs- und Gruppendruck, frei von psychischer Not... Für die Kinder ist die freie Wahl ein Weg zur Selbsterkenntnis, ein Weg zum Entdecken eigener Bedürfnisse und Fähigkeiten." (Fisgus/Kraft, Donauwörth 1996, S. 12)

Im Sinne von Maria Montessori ist es auch wichtig, dass jede Tätigkeit ihre räumliche Begrenzung hat (z. B. kleiner Teppich oder Tablett) und Auf- und Abbau des Materials auf eine strukturierte Weise erfolgen (z. B. wird der Deckel einer Schachtel nach deren Öffnung unter der offenen Schachtel verstaut). Zu beachten ist außerdem, dass Bewegungen zum Beispiel mit einem Löffel über die Körpermitte von links nach rechts durchgeführt werden.

Lassen Sie bei der Auswahl der Materialien Ihre Fantasie spielen. Einfache Materialien aus dem Haushalt (z. B. getrocknete Erbsen, Bohnen) lassen sich leicht zweckentfremden. Ein gut erhaltenes Paar Schuhe kann auch als Übungsangebot zum Schleife binden ins Montessori-Regal gestellt werden.

1. Sand umschütten

Material: Gefäße verschiedenster Art, Trichter, Spielsand, Tablett für alle Materialien

Der Sand wird je nach Ideen und Experimentierfreudigkeit des Kindes durch den Trichter in die verschiedenen Gefäße geschüttet.

2. Schätze sieben

Material: 3 Gefäße, Sieb, schwarzer Sand, Teelöffel, alte Münzen oder „Goldstücke", Tablett für alle Materialien

Der Sand wird mit dem Löffel aus dem gefüllten Gefäß in das zweite Gefäß mit darüberliegendem Sieb umgefüllt. Alle gefundenen „Schätze" werden in dem dritten Gefäß gesammelt.

3. Tropfenspiel

Material: Seifenablage mit Noppen, Fläschchen mit Pipette (in Apotheke erhältlich),Wasser, farbige Tinte, Schachtel für alle Materialien

Mit der Pipette werden Tropfen auf die einzelnen Noppen aufgesetzt. Anschließend wird das Ganze rückgängig gemacht, indem jeder Tropfen mit Hilfe der Pipette zurück in die Flasche befördert wird.

4. Schraubenspiel

Material: Schrauben und dazu passende Muttern unterschiedlicher Größe; Holzbrett mit Bohrungen in der Größe der vorhandenen Schrauben (möglichst stabile Konstruktion)

Zu jeder Schraube muss zunächst das Loch gleicher Größe und die passende Mutter gesucht werden. Anschließend werden die Schrauben mit Hilfe der Muttern fest an das Brett geschraubt.

Wichtig ist, dass alle Materialien vor dem Wegräumen in den ursprünglichen Zustand gebracht werden.

5. Müll fegen
Material: Dose mit getrockneten Blütenblättern (im Handel als Duftsäckchen erhältlich), Kehrblech (evtl. aus Spielzeugabteilung), Tablett für alle Materialien
Das Kind sucht sich einen freien Platz und schüttet die Blätter aus. Anschließend ist es die Aufgabe, mit Hilfe des Kehrbleches den Müll zurück in die Dose zu befördern.

Spiele zum Krafttanken

„Erbsen rollen über die Straße“ (im Sitzkreis)

Text: „Erbsen rollen über die Straße und sind platt. Ach wie schade, jammer-, jammerschade.“
Bewegung: Im Sitzen wandern die Finger beider Hände textbegleitend die Beine bis zum Knie herab („Erbsen rollen über die Straße“). Nach der Aussage „und sind platt“ schlagen beide Hände gleichzeitig auf die Knie. Anschließend wird die linke Hand an die linke Wange geführt („Ach wie schade“) und mit der rechten Hand an der rechten Wange wiederholt („jammer-, jammerschade.“).
Nachdem Text und Bewegung einmal durchgeführt wurden, wird das Spiel in der Rolle einer anderen Person (z.B. feine Dame, alter Opa, weinerliches Kleinkind, Betrunkener, ...) wiederholt. Hier ist also schauspielerisches Talent gefragt, wenn man die feine Dame durch gezierte Bewegungen, einen hoch erhobenen Kopf und nasales Sprechen darstellen muss. Lassen Sie die Kinder selbst Vorschläge für die Personen machen, Sie werden über ihr Einfallsreichtum überrascht sein.

Pferderennen (im Stuhlkreis)

„Die Pferde stehen ungeduldig in ihrer Startbox.“ (leichtes Klopfen mit Händen auf Beine)
„Dann der Startschuss.“ (Hände klatschen stark und schnell auf die Beine)
„Da, eine Rechtskurve.“ (leichtes Erheben vom Stuhl, Arme beschreiben auf der rechten Seite eine Kurve in der Luft)
„Weiter, weiter!“ (Hände klatschen auf die Beine)
„Oh je, ein Hindernis mit Wassergraben!“ (leichtes Erheben vom Stuhl, Arme deuten Überwinden des Hindernisses an, danach klatschen Hände mit einem begleitenden „platsch, platsch“ auf die Knie)
„Weiter, weiter!“ (s. o.)
„Vorbei an der Königin!“ (alle nehmen eine steife Sitzhaltung ein und winken hoheitlich mit steifer Hand „Hallo, hallo!“ im Zeitlupentempo)
„Weiter, weiter!“ (s. o.)
„Da kommt ein dreifaches Hindernis. Schaffen wir das?“ (leichtes Erheben und dreimaliges angedeutetes Überwinden des Hindernisses)
„Weiter, weiter!“ (s. o.)

„Vorbei an den Fotografen." (steife Sitzhaltung, Hände deuten Fotoapparat an, begleitendes Geräusch „klick, klick")
„Weiter, weiter!" (s. o.)
„Da, ich sehe das Ziel. Endspurt!!!" (Tempo und Stärke des Klatschens auf Beine nimmt zu)
„Geschafft!" (alle fallen entspannt auf Stühlen zurück und reißen die Arme in die Höhe)

Die Schule schläft

Hier gibt es zwei Varianten.

1. Drei Kinder stehen vor der Klasse und sagen: „Die Schule schläft!". Das ist das Zeichen für die sitzenden Schülerinnen, den Kopf auf den auf dem Tisch liegenden Unterarm zu legen. Der rechte Arm liegt auch entspannt auf dem Tisch, die Hand bildet eine Faust, wobei der Daumen nach oben abgespreizt ist.
Die drei Kinder dürfen nun jeweils ein Kind am Daumen berühren. Der berührte Daumen wird abgeklappt als Zeichen für die anderen beiden Kinder, dass dieses Kind bereits berührt wurde.
Haben alle drei Kinder ein Kind berührt, stellen sie sich wieder vor der Klasse auf und sagen: „Die Schule wacht auf!"
Nun ist es Aufgabe der berührten Kinder sich hinter das Kind zu stellen, von dem sie glauben, dass es sie berührt hat. Nach der Auflösung dürfen alle berührten Kinder, deren Vermutung richtig war, den Platz dieser Hauptakteurin einnehmen und die nächste Runde mitgestalten. War die Vermutung falsch, muss das berührte Kind zurück auf seinen Platz, die erste Mitspielerin darf noch einmal aktiv werden.
2. Die Klasse sitzt im Stuhlkreis oder auf Teppichfliesen. Drei ausgewählte Kinder fordern die Kinder durch den Satz: „Die Schule schläft!" zum Schließen der Augen auf. Nun stellen sich die drei Kinder als „Schattenkind" jeweils für einen Moment hinter ein Kind. Mit gegenseitigem Blickkontakt verständigen sie sich, wann sie sich in die Mitte des Kreises begeben wollen. Nun fordern sie die Kinder mit dem Satz: „Die Schule wacht auf!" zum Öffnen der Augen auf. Aufgabe der sitzenden Kinder war es zu spüren, dass eins der drei Kinder hinter ihnen stand, und sich dann dem „richtigen Schattenkind" zuzuordnen. Weitergespielt wird wie bei der ersten Variante.

Literaturverzeichnis

Bartnitzky, Horst/Christiani, Reinhold: Die Fundgrube für jeden Tag, Berlin 1995.

Fischer, Anke/Titze, Rita: Zeugnisbeurteilungen schreiben. Formulierungshilfen für die Klassen 1-4, Buxtehude 2008.

Fisgus, Christel/Kraft, Gertrud: „Hilf mir, es selbst zu tun!“, Donauwörth 1996.

Focus – Schule Nr. 2 März/April 2007.

Gordon, Thomas: Lehrer – Schüler – Konferenz, Hamburg 1977.

Kaiser, Astrid: 1000 Rituale für die Grundschule, Baltmannsweiler 2006.

Ich bin fertig!

Schild auf grünes Papier kopieren und laminieren

Ich brauche Hilfe!

Schild auf rotes Papier kopieren und laminieren

Arbeitszeit ist
Flüsterzeit!
Seid bitte leise!

Ampel auf DIN A3 hochkopieren, farbig anmalen und laminieren

Leseblumen mehrfach kopieren und an die Eltern ausgeben. Eltern füllen Leseblumen mit Unterschrift und Datum aus.

Leisekarte

Leisekarte

Leisekarte

Leisekarte

Leisekarte

Leisekarte

Leisekarte

Leisekarte

Leisekarte

Leisekarte

Sport

Werken

Kunst

Religion

Schreiben
ABC

Sach-
unterricht
LEXIKON

Lesen
Lesebuch

Mathematik

Musik

Textil

Jahresplanung

(angelehnt an den Montessori-Jahreskreis)

Steckbrief von: ________________________________

Mein Geburtstag ist am: ________________________________

Das bin ich (und meine Familie):

Foto oder malen

Damit spiele ich gerne:

Das kann ich schon gut:

Das esse ich am liebsten:

Das möchte ich lernen:

Beispiel-Materialliste für eine 1. Klasse

12 dicke Buntstifte (möglichst auch Hautfarbe),
2 dicke hochwertige Bleistifte, Stärke HB
1 schwarzer Filzstift
1 Rot/Blau-Stift
1 Radiergummi
1 Anspitzer mit Vorratsbehälter (mit Öffnung für dicke und dünne Stifte)
1 Lineal

1 Heft Bunt-Glanzpapier zum Kleben
1 Schreibblock DIN A4, blanko und gelocht
1 Zeichenblock DIN A3
1 Sammelmappe DIN A3
1 Sammelmappe DIN A4 (mit Gummi)
5 Plastikmappen in den Farben (rot, blau, grün, gelb, lila)
1 abgerundete Qualitätsschere
1 Hausaufgabenheft DIN A5 mit Wochentagen
1 Klebestift
1 Fingersessel (je nach Einschätzung der Schreibfähigkeit Ihres Kindes)

Bastelkiste

1 kleine Kiste mit Deckel
1 Packung Knete in einer verschlieflbaren Dose
1 Wasserfarbkasten mit 12 Farben und einer Tube Deckweiß
3 Borstenpinsel (4, 10 und 14)
1 Tuschbecher im Schwamm
8 wasserfeste Wachsmalstifte
1 altes Oberhemd oder ähnliches als Tuschkittel

Sportbekleidung

Hallenturnschuhe sowie sportgerechte Kleidung, die die Kinder selbstständig anziehen können (im Turnbeutel)

1 Paar Hausschuhe
1 Brotdose (Frühstück)
1 Trinkflasche (für Kinder nachfüllbar)

Bitte versehen Sie alle Dinge (auch jeden einzelnen Stift) mit dem Namen Ihres Kindes (bei Heften bitte auf den vorderen Umschlag).

Lineaturvorlage Jahrgangsstufe 1 und 2

Stichwortverzeichnis

Vorhang auf, Kids auf die Bühne!

Kopiervorlagen

Bergedorfer®

Christiane Hamborg

Mit Yogaübungen zur Stille in der Grundschule

Mit kindgerechten Kopiervorlagen und einem Farbposter

Mappe mit Kopiervorlagen,
43 Seiten, DIN A4
1. bis 4. Schuljahr Best.-Nr. **2326**

Sie kennen das: Im turbulenten Schulalltag ist es schwierig, Kinder auf den Lerngegenstand einzustimmen. Von konzentriertem Arbeiten ganz zu schweigen! Hier sind Yoga-Übungen und Entspannungstechniken der Schlüssel zum Erfolg! Mit den vielen kindgerechten Übungen, Kopiervorlagen und dem Farbposter verwandeln sich zappelige, unkonzentrierte Kinder in entspannte, aufmerksame Schüler/-innen.
So konzentriert haben Sie Ihre Klasse schon lange nicht mehr erlebt!

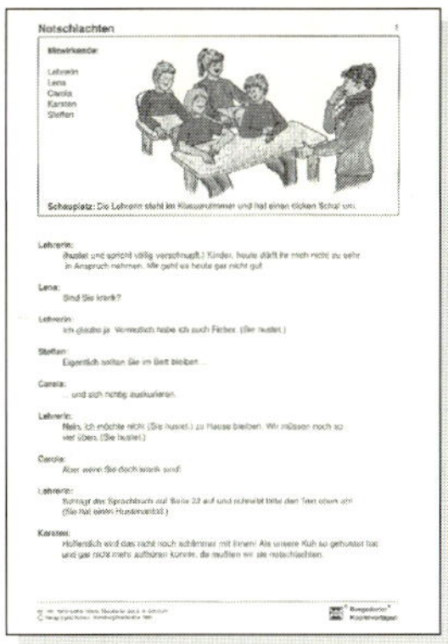

Heinz-Lothar Worm

Sketche für das 2. bis 4. Schuljahr

Kurzszenen zum Übernehmen und Spontanspielen

Mappe mit Kopiervorlagen,
48 Seiten, DIN A4
2. bis 4. Schuljahr
Best.-Nr. **2195**

Sketche dürfen bei keiner Schulveranstaltung fehlen und sind ein Programmpunkt bei jedem Klassenfest! Doch immer neue Szenen zu finden, kann zum Problem werden. Nicht mit dieser Sammlung. Hier können Sie aus dem Vollen schöpfen. Mit vielen Illustrationen, die den Schauplatz mit allen Figuren darstellen.
Mit diesen Sketchen landen Sie auf jedem Klassenfest einen Treffer!

Wolfgang Wertenbroch

Schach in der Grundschule

Für Einsteiger und Fortgeschrittene

Mappe mit Kopiervorlagen,
59 Seiten, DIN A4
1. bis 4. Schuljahr Best.-Nr. **2486**

Wie wär's mit dem „Spiel der Könige"? Mit diesen abwechslungsreichen und ansprechend gestalteten Kopiervorlagen gelingt der Einstieg ins Schachspiel. Jede Schachfigur wird anhand vieler Beispiele und Aufgaben ausführlich eingeführt, das Regelwerk wird systematisch, unkompliziert und anschaulich erklärt. Da kommt Freude am Schachspiel auf!
Spielen und Lernen – eine Kombination mit Erfolgsgarantie!

Persen **BESTELLCOUPON** Persen

Ja, bitte senden Sie mir/uns mit Rechnung

____ Expl. ____________________ Best.-Nr. ______

____ Expl. ____________________ Best.-Nr. ______

____ Expl. ____________________ Best.-Nr. ______

____ Expl. ____________________ Best.-Nr. ______

☐ Ja, bitte schicken Sie mir kostenlos Ihren aktuellen Gesamtkatalog zu.

Bestellcoupon bitte kopieren und einsenden an:	Oder bestellen Sie bequem direkt bei uns!
Persen Verlag GmbH **Postfach 1656** **D-21606 Buxtehude**	**Tel.: 0 41 61 / 7 49 60-40** **Fax: 0 41 61 / 7 49 60-50** **www.persen.de**

Meine Anschrift lautet:

Name/Vorname

Straße

PLZ/Ort

Telefon (für eventuelle Rückfragen)

E-Mail

Schultyp

Fächer

Datum/Unterschrift

Die Bestelldaten werden für eigene Zwecke unter Beachtung der einschlägigen Datenschutzgesetze gespeichert.
Mit der Angabe meiner E-Mail-Adresse erteile ich die jederzeit widerrufliche Zustimmung zum Erhalt von Informationen per E-Mail.

Ein positives Lern- und Sozialklima schaffen!

Marion Keil

Klassenfahrten kompakt

Sicher planen – spannend gestalten

Buch, 84 Seiten, DIN A4, inkl. Kopiervorlagen und CD-ROM
1. bis 4. Schuljahr
Best.-Nr. **3512**

Stress und Planungsunsicherheit ade! Mit den sofort einsetzbaren Checklisten, Formularen, Musterbriefen u. v. m. organisieren Sie Ihre Klassenfahrt im Handumdrehen! Konkrete Programmvorschläge mit Ablauf- und Materialplänen sowie eine Vielzahl an Spielen und Liedern garantieren, dass sich keiner Ihrer Schüler/-innen langweilen wird! Inklusive CD mit allen Anschreiben und Vordrucken als Word-Dokument. Einfach anklicken und dann unverändert verwenden oder individuell bearbeiten.
Ihr Rundum-sorglos-Paket für die Planung von Klassenfahrten!

Jenny Mosley/Helen Sonnet

101 Spiele zur Förderung von Sozialkompetenz und Lernverhalten in der Grundschule

Mit Kopiervorlagen

144 Seiten, kartoniert
Best.-Nr. **3665**

Mit diesen 101 Spielen vermitteln Sie Ihrer Klasse wichtige **soziale Kompetenzen** und eine **produktive Lernhaltung**. Die Kinder lernen auf abwechslungsreiche Weise, wie man richtig beobachtet, zuhört, sich artikuliert, Regeln einhält und erfolgreich in Teams zusammenarbeitet. Neben **Aktivitäten zum logischen Denken** stehen auch Übungen zur **Förderung der Konzentrationsfähigkeit** im Mittelpunkt. Alle Aufgaben sind schnell durchführbar – nicht zuletzt durch die 14 Kopiervorlagen, die eine aufwändige Vorbereitung ersparen.

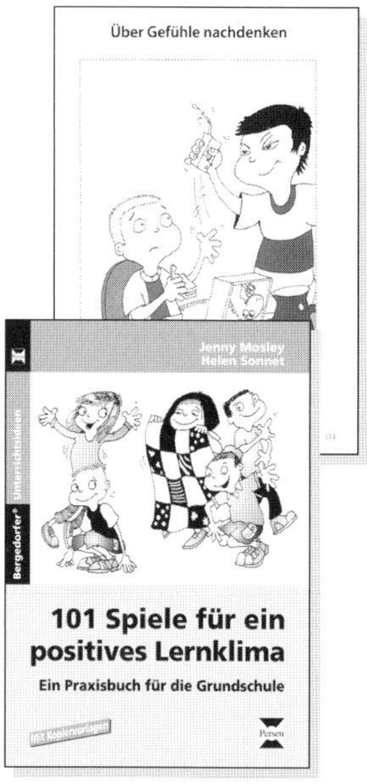

Jenny Mosley, Helen Sonnet

101 Spiele für ein positives Lernklima

Ideenfundgrube für die Grundschule

Buch, 144 Seiten, DIN A5
1. bis 4. Schuljahr
Best.-Nr. **3734**

Mit dieser Ideenfundgrube fördern Sie Sozialkompetenz und Gemeinschaftsgefühl „quasi" nebenbei! Hier finden Sie jede Menge Ideen und Spiele, mit denen Sie die Persönlichkeitsentwicklung und emotionale Sicherheit Ihrer Kinder spielerisch voran bringen.
Überraschen Sie die Klasse mit immer neuen Ideen und verbessern Sie so das Lernklima!

Jenny Mosley/Helen Sonnet

101 Spiele zur Stärkung des Selbstwertgefühls

Ein Praxisbuch für die Grundschule Mit Kopiervorlagen

144 Seiten, kartoniert
Best.-Nr. **3681**

Eine **Ideenfundgrube** für das ganze Schuljahr!
Mit über 100 innovativen und kreativen Spielen lernen die Schüler/-innen,

- ▷ sich selbst realistisch einzuschätzen,
- ▷ eigene Stärken zu erkennen,
- ▷ mit einem Partner oder einer Partnerin zusammenzuarbeiten,
- ▷ sich in ein größeres Team einzubringen.

Sie können alle Spiele **spontan** und **ohne Vorbereitungsaufwand** in jeder Unterrichtslücke einsetzen. Durch die **didaktischen Hinweise** sehen Sie auf einen Blick, welches Spiel gerade sinnvoll ist.
Mit zahlreichen liebevoll illustrierten Kopiervorlagen!

Unterrichtsideen

Bergedorfer®

BESTELLCOUPON

Ja, bitte senden Sie mir/uns mit Rechnung

____ Expl. ______________________ Best.-Nr. ______

____ Expl. ______________________ Best.-Nr. ______

____ Expl. ______________________ Best.-Nr. ______

____ Expl. ______________________ Best.-Nr. ______

☐ Ja, bitte schicken Sie mir kostenlos Ihren aktuellen Gesamtkatalog zu.

Bestellcoupon bitte kopieren und einsenden an:	Oder bestellen Sie bequem direkt bei uns!
Persen Verlag GmbH **Postfach 1656** **D-21606 Buxtehude**	**Tel.: 0 41 61 / 7 49 60-40** **Fax: 0 41 61 / 7 49 60-50** **www.persen.de**

Meine Anschrift lautet:

Name/Vorname

Straße

PLZ/Ort

Telefon (für eventuelle Rückfragen)

E-Mail

Schultyp

Fächer

Datum/Unterschrift

Die Bestelldaten werden für eigene Zwecke unter Beachtung der einschlägigen Datenschutzgesetze gespeichert.
Mit der Angabe meiner E-Mail-Adresse erteile ich die jederzeit widerrufliche Zustimmung zum Erhalt von Informationen per E-Mail.